DESIGN DA INFORMAÇÃO

 Os livros dedicados à área de *design* têm projetos que reproduzem o visual de movimentos históricos. As aberturas e títulos deste módulo – composto de elementos fragmentados, formas aleatórias, mistura de tipografia e estilos e brincadeiras visuais – relembram o *design* pós-moderno, característico dos anos 1980.

Rua Clara Vendramin, 58 . Mossunguê . CEP 81200-170 . Curitiba . PR . Brasil
Fone: (41) 2106-4170 . www.intersaberes.com . editora@intersaberes.com

Conselho editorial
Dr. Ivo Jose Both (presidente)
Dr. Alexandre Coutinho Pagliarini
Drª. Elena Godoy
Dr. Neri dos Santos
Dr. Ulf Gregor Baranow

Editora-chefe
Lindsay Azambuja

Supervisora editorial
Ariadne Nunes Wenger

Assistente editorial
Daniela Viroli Pereira Pinto

Edição de texto
Caroline Rabelo Gomes
Mille Foglie Soluções Editoriais
Larissa Carolina de Andrade

Capa
Charles L. Silva (design)
Patty Chan/Shutterstock (imagem)

Projeto gráfico
Bruno Palma e Silva

Diagramação
Débora Gipiela

Responsável pelo design
Débora Gipiela

Iconografia
Sandra Lopis da Silveira
Regina Claudia Cruz Prestes

Dados Internacionais de Catalogação na Publicação (CIP)
(Câmara Brasileira do Livro, SP, Brasil)

Aroucha, Bruno Zimmerle Lins
   Design da informação/Bruno Zimmerle Lins Aroucha. Curitiba: InterSaberes, 2021.

   Bibliografia.
   ISBN 978-65-89818-76-2

   1. Design 2. Design da informação – Estudo e ensino I. Título.

21-65269   CDD-745.407

Índices para catálogo sistemático:

1. Design da informação: Estudo e ensino   745.407

Maria Alice Ferreira – Bibliotecária – CRB-8/7964

1ª edição, 2021.

Foi feito o depósito legal.

Informamos que é de inteira responsabilidade do autor a emissão de conceitos.

Nenhuma parte desta publicação poderá ser reproduzida por qualquer meio ou forma sem a prévia autorização da Editora InterSaberes.

A violação dos direitos autorais é crime estabelecido na Lei n. 9.610/1998 e punido pelo art. 184 do Código Penal.

DESIGN DA
INFORMAÇÃO

Bruno Zimmerle Lins Aroucha

Sum*ário*

Sumário **5**

Apresentação **8**

1 O que é informação 14

1.1 O que não é informação **19**

1.2 Definições de design da informação **27**

1.3 Forma e informação: uma perspectiva crítica **40**

2 Regras: Uma resposta à desordem 50

2.1 Rebeldia: oposição às regras **69**

2.2 Crise diante de um mundo informatizado **71**

2.3 Design da informação: é possível ensiná-lo? **77**

3 Informação como artefato estético I 86

3.1 A mais irracional de todas as belezas **99**

3.2 A utilidade de um delírio **111**

4 Informação como artefato estético II 118

4.1 Ponto **127**

4.2 Linha **128**

4.3 Direção/orientação **129**

4.4 Equilíbrio **137**

4.5 Ela de novo: a forma **139**

4.6 Forma com significados **142**

5 **Imagem fala?** 148

5.1 Primeiro nível: representação 157

5.2 Segundo nível: simbolismo 161

5.3 Terceiro nível: abstração 169

5.4 Interação entre os três níveis 174

6 **Design da informação como artefato projetual** 188

6.1 Foco no usuário 189

6.2 Entrada de dados na mente humana 193

6.3 O design da informação cabe em uma metodologia? 210

Considerações finais 216

Bibliografia comentada 220

Referências 224

Sobre o autor 236

Apresen-
tação

Para planejar e produzir um livro, é necessário um complexo processo de tomada de decisão, que representa um posicionamento ideológico e filosófico diante dos temas abordados. A adoção de determinada perspectiva implica a renúncia a outros assuntos igualmente importantes; afinal, é impossível contemplar todas as ramificações de um tópico.

Nessa direção, a difícil tarefa de organizar um conjunto de conhecimentos sobre determinado objeto de estudo – neste livro, o design da informação – requer a construção de relações entre conceitos, constructos e práxis, de modo a articular saberes de base teórica e empírica. Em outros termos, trata-se de estabelecer uma rede de significados entre saberes, experiências e práticas, reconhecendo que tais conhecimentos encontram-se em processo ininterrupto de transformação.

Assim, a cada novo olhar, compõem-se novas associações, novas interações e diferentes interpretações, bem como outras ramificações intra e interdisciplinares estabelecem-se. Embora desafiadora, a natureza dialética da construção do conhecimento é o que sustenta o dinamismo do aprender, rumo à ampliação e à revisão dos saberes.

Ao organizarmos este material, vimo-nos diante de uma infinidade de informações que gostaríamos de apresentar, mas foi necessário fazer escolhas, assumindo o compromisso de auxiliar o leitor na expansão dos conhecimentos sobre o design da informação. Assim, com o objetivo de superar os desafios que esse propósito envolve, optamos por referenciar uma parcela significativa da literatura especializada e dos estudos científicos a respeito dos temas abordados. Além disso, apresentamos uma diversidade de indicações culturais para enriquecer o processo de construção dos conhecimentos aqui almejados e procuramos oferecer aportes práticos sobre a informação. Desse modo, no Capítulo 1, tratamos das diferentes formas de comunicação, abarcando seus três elementos: (1) emissor, (2) código e (3) meio.

No Capítulo 2, enfocamos as regras como uma resposta à desordem, retratando a importância do movimento *art noveau* e a escola de Bauhaus. Em seguida, abordamos a resposta que o mundo deu à era da informatização.

Nos Capítulos 3 e 4, trabalhamos a informação como um artefato estético, estudando o que é a estética e, na sequência, sua ligação com a informação. Além disso, discorremos sobre a matemática, instrumento importante nesse processo.

Como forma do design da informação, no Capítulo 5, versamos sobre a representatividade de uma imagem como conteúdo informacional perante a população.

Por fim, no Capítulo 6, retratamos como o design da informação atua na condição de artefato projetual, elucidando em que consiste o foco no usuário, como ocorrem as entradas de dados em um ser humano e como funcionam as modalidades visuais, auditivas e hepáticas, bem como a memória.

Esclarecemos, ainda, que o estilo de escrita que aqui adotamos é influenciado pelas diretrizes da redação acadêmica e que os seis capítulos que integram este livro reúnem contribuições da cognição/educação da informação, as regras e a estética, como fatos sobre jogos, imagens e projetos, entre outros campos do conhecimento.

Partindo desses pontos, intencionamos evidenciar as formas como a informação atua no dia a dia do ser humano e sua importância, seja em formato de texto, seja puramente visual.

A vocês, estudantes e pesquisadores, desejamos excelentes reflexões.

Capítulo 1

O QUE É INFORMAÇÃO

De início deixamos um alerta: este não é um daqueles textos que iniciam com "O advento da internet…" ou "Na era da informação em que vivemos…"; tampouco nos interessa empreender críticas que se valem de trocadilhos que ninguém mais aguenta, como "A sociedade da (des)informação etc.". Compusemos este material partindo de perguntas e perplexidades.

É comum a imprensa especializada em tecnologia (e mesmo a academia) referir-se aos tempos atuais como a *era da informação*, expressão que alude às classificações que dividem a história humana com base em recursos que podiam ser manejados, como eras do cobre, do bronze, do ferro etc. Essa retórica foi amplamente repetida – principalmente em introduções de textos como este – ao ponto de virar clichê e distanciar-se de seu significado, confundindo a compreensão do que é informação.

No intento de formular uma explicação precisa, Fernandes (2015) diferencia informação de comunicação. Para a autora, a **informação** apresenta três elementos, quais sejam: (1) emissor – que tem uma intenção; (2) código – sistema de sinais, a linguagem; (3) meio – suporte ou canal, o que permite à informação existir. Já a **comunicação** é formada pelos mesmos elementos, mas incluindo-se um quarto: (4) o receptor; nada muito diferente do velho esquema de emissão, mensagem e recepção apresentado em aulas magnas de cursos de comunicação.

Fernandes (2015) acrescenta que é essencial separar esses dois conceitos, defendendo que a informação é um elemento tão destacado da comunicação que pode ter sua existência completamente independente:

Mas, a informação pode existir sem a comunicação? Sim, a informação pode existir e nunca ser comunicada. Uma pintura antiga, contendo dados (informações), pode existir em uma caverna, em um lugar remoto e ainda não ter sido lida ou interpretada por ninguém, até hoje, e isso não significa que a informação não esteja lá, que ela não exista, mas é possível que nunca seja interpretada. Essa é a grande diferença entre informação e comunicação: a primeira só precisa de um emissor, dados e um canal (suporte), para que exista. Já a segunda, precisa de um receptor que a interprete para existir. (Fernandes, 2015, p. 16-17)

Essa audaciosa afirmação da autora, de partida, já é controversa, considerando-se o fato de que, no mínimo, o autor da pintura já a contemplou[1]. No entanto, por ora, assumiremos esse seu ponto de vista, a fim de debater a questão e pensar nela com a complexidade que o mundo atual recomenda.

Vale, então, aplicarmos os conceitos de Fernandes (2015) a uma narrativa bastante reproduzida em rodas de linguistas há muitos anos:

> Um dia, um diplomata inglês recebe uma carta remetida da Rússia, escrita com o alfabeto cirílico. O diplomata sabe ler cirílico, mas não compreende o idioma russo. Pensando em uma solução, lembra-se de que seu jardineiro é russo e pede ajuda a ele para ler a carta. O jardineiro pede desculpas e revela que é analfabeto. O diplomata não vê problema nenhum nisso, pois basta ler a carta em voz alta e, depois, pedir que o jardineiro traduza seu conteúdo oralmente. Finalmente, a carta foi lida!

---

1 Digressões psicanalíticas das mais diversas podem ser feitas com base nisso, sem falar na noção contemporânea de *arte*, que se ocupa de questões relativas à autoria e aos processos artísticos.

Essa historieta enseja algumas perguntas: Quem leu a carta? Qual foi o código e o meio utilizados para que sua informação fosse transmitida? Aliás, a informação veio da carta ou do jardineiro? Será que a carta foi mesmo lida? Mas, para além da curiosidade filosófica, a única pergunta que importa é: O que a carta seria sem o jardineiro russo? A definição de comunicação de Fernandes (2015) não é capaz de responder a essa pergunta.

Todavia, autores como Jakobson (2010) dividem a comunicação em sete elementos básicos, conforme descrito a seguir:

1. **Código** – Conjunto organizado de signos que obedecem a ordens semânticas, conhecidas tanto pelo emissor quanto pelo receptor. No caso da anedota exposta, o código é o texto em russo, escrito em alfabeto cirílico, ditado oralmente para uma tradução do jardineiro.

2. **Canal** – "Meio físico" pelo qual se transmite a mensagem. No exemplo que estamos utilizando, o meio físico primário é a carta, que logo se transforma em som pela leitura do diplomata; esta, por sua vez, é processada e traduzida pelo jardineiro, que também a expõe oralmente.

3. **Emissor** – Pessoa que premeditadamente transmite a mensagem, escolhendo os signos adequados para essa tarefa. Em um mundo ideal, o emissor é o remetente da carta. Contudo, podemos ter como certo apenas que o jardineiro é o emissor do conteúdo; afinal, quem garante que ele realmente sabe russo, que sua tradução foi fiel ao original? Desse modo, foi o jardineiro quem escolheu as palavras ditas ao diplomata.

4. **Receptor** – Agente que interpreta e decodifica a mensagem. Na narrativa, existe uma transferência dinâmica desse papel entre o diplomata e o jardineiro.

5. **Mensagem** – Conteúdo da comunicação. Em nosso exemplo, um texto traduzido do russo para o inglês, decodificado pelo alfabeto cirílico.

6. **Contexto/situação comunicativa** – Nesse item, Jakobson (2010) abarca situações absurdas, como a que aconteceu com o diplomata; o autor considera que as circunstâncias no momento da transmissão da mensagem determinam sua interpretação.

7. **Contato** – Meio psicológico que mantém a conexão entre o emissor e o receptor, a porção polissêmica da comunicação. Em outras palavras, um conjunto de informações pode se transformar em comunicação, abarcar novos elementos, transformar-se novamente, perder seu sentido original, regredir à condição de dado, fazendo emissor e/ou receptor trocarem de lugar e/ou desaparecerem, e assim por diante.

Este não é de longe um processo caótico, mas, sem dúvida, é complexo e interconectado. Assim, o trânsito da informação e seu uso na comunicação é muito dinâmico para ser acompanhado; por isso, convém abordá-lo em seu ponto de chegada (talvez o único que importe): a compreensão do receptor.

Segundo Freitas, Coutinho e Waechter (2013, p. 13):

Isto é fundamental para a compreensão do que é informação, porquanto ela não existe por si só. Somente o sujeito informacional dá e assegura o significado que transforma o dado em informação. O fato de receber a mensagem não confere ao objeto da mensagem o estatuto de informação. Só é informação se o receptor assim a considerar.

Tomando o receptor como ponto de chegada da informação, além de questionar se existe a possibilidade (ou interesse) de desassociá-la da comunicação, podemos também apontar o que a move: a cultura.

> Com base nisso, alcançamos a primeira conclusão: a informação sempre é artificial, ou seja, sempre é um artefato.

Nesse sentido, dados, informação, mensagem, comunicação e outros conceitos costumam ser confundidos e malversados, motivo pelo qual apresentaremos breve comentário sobre eles e, com isso, elaboraremos (ou escolheremos) uma definição adequada para o objeto deste livro: o design da informação.

Essa etapa é indispensável para realizar uma observação histórica do objeto enquanto explicamos as técnicas para transformar um punhado de *bits* em algo realmente informativo por meio do design.

Contudo, antes de voltarmos a esse tema e fazermos uma nova tentativa de isolar o conceito de informação, é conveniente conferir alguns números intrigantes, tratando do oposto ao que buscamos definir neste capítulo.

1.1 O que não é informação

Com base em estudos quantitativos, a IBM, em 2008, indicou que, espantosamente, 90% dos dados gerados no mundo foram produzidos nos dois anos anteriores, cerca de 2,5 quintilhões de *bytes* (Filgueiras et al., 2014). Para se ter uma ideia, a Biblioteca do

Congresso dos Estados Unidos[2], a maior do mundo, com aproximadamente 19 milhões de livros e 56 milhões de manuscritos, alcança cerca de 10 *terabytes*.

Todos os anos, seguimos multiplicando o número de dados, mas esse crescimento impressionante pode despertar dúvidas acerca da qualidade deles; afinal, é razoável supor que uma significativa parcela é composta de conteúdos redundantes, *tweets* aleatórios, *e-mails* não lidos, vídeos de gatos e outros filhotes domésticos, milhares de pacotes de algarismos de zero a um sem grande valor etc.

Todavia, para não entrarmos em digressões filosóficas sobre o que tem ou não valor, concentremo-nos em alguns números: em 2020, as cinco empresas mais valiosas do mundo foram, respectivamente, Amazon, Google, Apple, Microsoft e Samsung, que, juntas, são avaliadas em 732,3 bilhões de dólares (Amazon..., 2020). Entre tais empresas, não está nenhuma petroleira ou instituição financeira. Mas se não são recursos naturais nem dinheiro o que essas empresas manejam, como elas são tão valiosas? Elas estocam e desenvolvem uma intensiva inovação do que se convencionou chamar de *tecnologia da informação*, comprovando que a frase "informação vale mais que petróleo" já não é um ornamento retórico.

Façamos aqui uma observação: já esclarecemos que a primeira reflexão a ser desenvolvida sobre a informação não tem nada a ver com diferenciá-la da comunicação (já que aparentemente são indissociáveis), mas sim distingui-la dos dados.

---

2 É possível acessar o *site* em: <https://www.loc.gov/>. Acesso em: 23 jun. 2021.

Assim como na extração do petróleo, na produção de dados é preciso escavar, refinar, transformar com vistas aos diferentes propósitos, e um dos mais notórios deles é uma atividade bastante antiga: a publicidade comercial.

Nesse contexto, existem palavras menos usadas atualmente, como *público-alvo*, e outras já praticamente esquecidas, como *disquete* e *hipertexto*. As empresas não mais direcionam seus esforços para comunicar-se com um grupo uniformizado de pessoas, mas sim com o consumidor singular, que recebe uma publicidade cada vez mais personalizada, modelada com base em suas necessidades, gostos e capacidade econômica.

Ademais, as campanhas publicitárias podem ir além e fazer predições daquilo que será comprado, projetando a decisão do usuário. Quase uma avaliação microscópica (e aqui o uso do termo não é força de expressão, pois esse nível de especificidade tende a chegar mesmo a tal escala) de cada um que está conectado à internet, em um mundo que excede o que entendemos como *persuasão*.

Uma das grandes conquistas no ano de 2000 foi o mapeamento do genoma humano, iniciado em 1990, envolvendo vários países e custando cerca de 3 bilhões de dólares; atualmente, um sequenciamento completo do DNA pode custar mil dólares e ser feito em três dias (Forato, 2019).

É natural deduzir que isso venha a ser feito em larga escala e que esse preço, obviamente, seja minorado. Com isso, os processos de sequenciamento de DNA tendem a ser cada vez mais comuns, por uma razão muito simples: o retorno financeiro para obter informações genéticas de uma grande quantidade de pessoas é imponderável.

O potencial de registrar tanta informação individual pode dar início a uma sociedade na qual documentos, passaportes e até dinheiro, tal como conhecemos, passem a ser dispensáveis; isso sem mencionar as profundas mudanças das relações sociais e os impactos éticos, ou a possibilidade de violar os direitos de privacidade do indivíduo em um nível inédito e assombroso. Em um mundo de transparência genética, os dados que indicam tendências a doenças futuras ou mesmo a padrões comportamentais podem não só revelar preferências de consumo, mas também precificação de riscos na oferta de seguros, planos de saúde e, até mesmo, de empregos.

Diante de números tão robustos, é natural especular se não há a possibilidade de sobrecarga da capacidade de armazenar, transmitir e, principalmente, processar tantos dados. Apesar da designação marquetológica de *nuvem*, devemos lembrar que os dados não ficam pendurados no céu; eles são guardados em estruturas físicas, edifícios com servidores gigantescos, que consomem energia constantemente. Considerando os limites físicos do armazenamento de dados, é possível pensar que esse crescimento não é capaz de prosseguir de maneira sustentável.

No entanto, é necessário considerar a lei de Moore[3], a tecnologia já dominada do 5G[4], os avanços disponibilizados pelo *machine*

---

3   "A afirmação que ficou conhecida como Lei de Moore foi feita por Gordon Moore, cofundador da Intel, em um artigo de 1965. Moore previu que o poder de processamento dos computadores dobraria a cada 18 meses, pelo menos pelos próximos dez anos. Surpreendentemente, a previsão se mostrou conservadora: há mais de meio século, o crescimento previsto por ele continua ocorrendo" (Ferrari, 2016, p. 9).

4   "De acordo com um estudo, espera-se que o 5G forneça velocidades até 100 vezes mais rápidas do que a tecnologia 4G típica. Como as tecnologias 5G têm evoluído continuamente, isso mudará, certamente, a maneira como vivemos, nossas comunicações serão mais rápidas do que você pode imaginar e nossas conexões serão mais fortes. Contudo, com essas expectativas altíssimas, vêm, também, alguns desafios" (Eastman, 2020, tradução nossa).

learning[5] e a futura associação de tudo isso ao desenvolvimento, cada vez mais próximo, da computação quântica[6].

Vale ainda mencionar o futuro do mercado de trabalho, que aponta para projeções alarmantes, para não dizer assustadoras. Esse assunto merece um texto à parte, o que não nos cabe aqui, mas reflitamos sobre algumas questões: Quanto tempo levou para seus olhos humanos lerem as aproximadamente 2.200 palavras escritas neste primeiro capítulo até aqui? Quanto tempo levará para verificar se os dados apresentados estão corretos? Aliás, você costuma fazer essa verificação? Daqui a quanto tempo você poderá aplicar esses meros 8 *kbytes* em algo útil? Por falar em utilidade, no atual cenário em que máquinas aprendem sozinhas a fazer trabalhos que um ser humano não tem a capacidade de fazer, o fator humano serve para quê?

Muitas empresas, de pequeno e médio portes, simplesmente entram em pânico e decidem competir com os algoritmos enquanto ainda é possível; trabalhar cada vez mais para ganhar cada vez menos; "raspar o tacho" deste mundo normal, que está se despedindo da humanidade.

Movimentos desesperados decorrem da conclusão de que os números demonstram, objetivamente, que vivemos em uma sociedade cheia de letrinhas e *pixels* caóticos fora de nosso controle. Contudo, é o momento de darmos mais um passo atrás: nem sempre a objetividade conduz a um pensamento perspicaz. Como ilustra Nelson

---

5   "Machine Learning é uma tecnologia onde [sic] os computadores tem [sic] a capacidade de aprender de acordo com as respostas esperadas por meio de associações de diferentes dados, os quais podem ser imagens, números e tudo que essa tecnologia possa identificar. *Machine Learning* é o termo em inglês para a tecnologia conhecida no Brasil como aprendizado de máquina" (Machine…, 2021).

6   "o grande poder da computação quântica vem de sua capacidade de processar todas as permutações de n bits através de um circuito lógico simultaneamente, o que torna problemas de tentativa e erro da computação clássica triviais" (Valadares; Bachmann; Barboza Júnior, 2021, p. 1).

Rodrigues (1995, p. 47), "Começava a nova imprensa. Primeiro, foi só o Diário Carioca; pouco depois, os outros, por imitação, o acompanharam. Rapidamente, os nossos jornais foram atacados de uma doença grave: a objetividade. Daí para o 'idiota da objetividade' seria um passo".

E, mais importante, é preciso afirmar o óbvio: entrar em pânico não é solução. Se as questões apresentadas apontam para alguma resposta é a de que o processamento de dados não cabe mais aos seres humanos.

Como não está mais em nossas mãos processar dados, nossos esforços devem relacionar-se à **curadoria** deles, à sua **conexão criativa** e à **interpretação subjetiva** dos fenômenos sociais. Em outras palavras, buscar a autêntica informação em meio a tantos dados.

Tal busca é movida pelo fator humano, capaz de impor uma ordem inteligível, conectada por significados, construindo, assim, narrativas, que podem ser compreendidas por outras inteligências (humanas ou artificiais) na formulação de um projeto, de um design.

Apesar desse horizonte desafiador, pode ser um consolo perceber que manejar dados é um exercício de abstração que já fazemos há algum tempo; uma atividade de sobrevivência que delineou nossa própria evolução.

Na Era dos Metais, os seres humanos já agrupavam constelações em figuras criativas e, com elas, guiavam-se em longas viagens, marcavam o tempo do plantio e da colheita etc.; o mesmo é válido para as pegadas de animais e o trânsito das formigas, que indicavam um ano chuvoso ou seco, e assim por diante.

Figura 1.1 – **Parte do mapa astronômico de Dunhuang**

MOGAO, Dunhuang. **Atlas estelar**. séc. XIII. Tinta sobre papel, 24,4 cm × 330 cm. Biblioteca Britânica, Londres, Reino Unido.

Graças aos recursos metálicos tratados nessa época, também foi possível decodificar a natureza com maior precisão, levando à criação de instrumentos como o esquadro, o nível, o compasso até chegarmos ao computador. Nesse sentido, Freitas, Coutinho e Waechter (2013, p. 2) explicam que a realidade não é

> um objeto estático do conhecimento, tampouco um objeto passivo da atividade humana, mas um circuito em que o sujeito e o objeto entram em mútuo contato por meio do processo de planejamento. Sendo assim, o designer como agente configurador de sistemas, artefatos e ambientes, deve ser capaz de tornar a interação destes, com as pessoas, uma experiência agradável, concisa e de fácil entendimento.

Defendemos, portanto, que, se estamos mesmo em alguma era, é a **era dos dados**, pois são eles o grande motor econômico atual. Diante do exposto até aqui, apreendemos que:

* a informação depende do uso que se faz dela, ou seja, ela precisa ser compreendida para existir;
* a construção da informação na sociedade atual tende à desorganização, porque vivemos em um mundo complexo;
* a complexidade é produzida pelos dados;
* informação e dado são coisas distintas.

Tendo isso em vista, a informação precisa ser diferenciada, principalmente com relação aos dados. Esse é um dos esclarecimentos fundamentais para evitar o intercâmbio cada vez mais frequente dos conceitos de informação e dados.

No livro Information Design Workbook o autor Kim Baer apresenta uma frase de Brenda Dervin, Professora de Comunicação de Ohio State University: "Não há nada natural na informação, independente do que seja: dados, conhecimentos, fatos, música, histórias ou metáforas – a informação sempre precisará ser projetada". (Fernandes, 2015, p. 12)

Assim, *dado* é um elemento que pode ser concreto ou abstrato e tem o potencial de ser relacionado a algum fenômeno, por exemplo, ruídos da floresta, pegadas na lama, sombras projetadas na parede (Hashimoto, 2003). Se não há alguém que decodifique esses elementos, eles não podem ser considerados informação. A informação tem por natureza uma autoria, pois, necessariamente, ela é um **artefato**.

1.2 Definições de design da informação

Segundo Bürdek (2010, p. 13, 15), o termo *design* foi cunhado em 1588 e definido como um "plano desenvolvido pelo homem ou um esquema que possa ser realizado. [...] O primeiro projeto gráfico de uma obra de arte; ou um objeto das artes aplicadas ou que seja útil para a construção de outras obras".

A definição desse autor seria bastante adequada não fosse sua origem tão remota. O tratamento historiográfico do design, em geral, tem uma materialidade difícil de analisar e desenvolver de modo breve, pois carece de consenso entre autores muito respeitáveis, como Heskett (2006) e Cardoso (2014), que concordam com a origem industrial do design, também relacionada à visão de Hollis (2001), mas que adota uma perspectiva mais antiga, apontando que existia comunicação visual no reconhecimento das pegadas dos animais.

Em 1875, William Morris já negava a centralidade da indústria e da larga escala, focalizando a importância do design no usuário (uma visão bastante visionária)[7] (Rodrigues, 2009). Não é raro encontrar indícios de que o design já existia fora do contexto industrial. Também são bastante comuns os questionamentos acerca da prática do design atualmente, que, muitas vezes, tem uma lógica de produção quase artesanal (como um *site*) e um alcance maior do que qualquer fábrica de costura do século XIX. Isso sem mencionar a emergência da cultura *Maker*, que aponta para a fabricação de artefatos cada vez mais personalizados, inclusive órgãos humanos em um futuro não tão distante.

Os conceitos de fabricação e indústria estão ganhando projeções que se alteram rapidamente, sendo um grande desafio para aqueles que tentam apresentar uma definição precisa sobre elas. As fabricações de órgão e tecidos vivos, que antes eram exclusivamente realizadas por processos biológicos, agora assemelham-se ao que podemos chamar de *artefato*, conforme ilustra a Figura 1.2, que representa a fabricação de parte de um quadril humano.

---

7 "Proporcionar satisfação às pessoas nas coisas que eles forçosamente devem usar é uma das grandes tarefas do design" (Morris, 1978, citado por Rodrigues, 2009, p. 6).

Figura 1.2 – **Osso de quadril em impressora 3D**

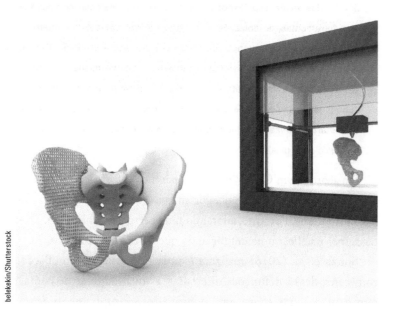

belekekin/Shutterstock

Obviamente, por sua origem incerta, tropeçamos em definições contraditórias, que merecem uma discussão aprofundada, a qual não pode ser adequadamente desenvolvida aqui. Assim, adotaremos uma definição oficial e abrangente, capaz de abarcar o debate, mas, ao mesmo tempo, permitir o prosseguimento de nossa análise:

Segundo definição do International Council of Societies of Industrial Design (ICSID): **design diz respeito aos produtos, serviços e sistemas concebidos com ferramentas, organizações e da lógica introduzidas pela industrialização – não apenas quando produzido por processos em série. Design é uma atividade que envolve um amplo espectro de profissões nas quais os produtos, serviços, gráfica, interiores e arquitetura todos participam. Juntas, essas atividades devem aumentar ainda mais – de uma forma coral com outras profissões relacionadas – o valor da vida.** (Rodrigues, 2009, p. 6, grifo do original)

De acordo com Oven (2016), o design da informação abriga-se em diversos campos de estudo, porém quase sempre ele é conhecido por outro nome. Portanto, adotando uma perspectiva histórica, pretendemos pacificar uma definição do que é design da informação.

Souza et al. (2016) realizaram uma interessante compilação, com cerca de 13 definições diferentes, as quais, apesar de contarem com palavras-chave em comum – *organização*, *necessidades*, *usuário*, *objetivos* e *utilidade* –, distinguiam-se de tal maneira que era possível reparti-las em quatro grupos, a saber:

1. **Definições teleológicas** – Entendem o artefato informacional como mediador.

2. **Definições de adequação** – Apresentam foco no usuário, classificando o designer como alguém que tem o papel de resolver um problema de uso.

3. **Definições por princípios** – Buscam descrever de modo abrangente o que é essencial por meio de características fundamentais.

4. **Definições transformativas** – Descrevem o design da informação como um tipo de processador de dados desorganizados, um sistema que ordena de modo compreensível elementos complexos.

A **teleologia** é um ramo da filosofia que investiga o propósito de uma atividade, isto é, as finalidades humanas, de maneira geral. Ao tomarmos o artefato como mediador, podemos inferir que o design da informação se dedica à construção de interfaces, ou seja, de meios que conectam um objeto (físico ou abstrato) a um ser humano.

As **definições de adequação** são um tipo de abordagem bastante comum na literatura: a avaliação da informação por intermédio de sua eficiência, eficácia e satisfação, ou seja, uma visão amplamente ligada à **ergonomia** e à **usabilidade**. Nesse tipo de definição, podemos identificar novamente uma forte atenção à construção de interfaces, mas com um olhar mais analítico: o resultado que a interface logra é o que importa para determinar se um artefato é informativo ou não.

Observe a Figura 1.3. Nela, de acordo com Quental (2009, p. 33), a "árvore que representa o esquema de consanguinidade é mais do que uma ilustração, tem por fim tornar inteligíveis as relações de sangue, no sentido de prevenir o casamento entre parentes".

Figura 1.3 – **Árvore genealógica medieval**

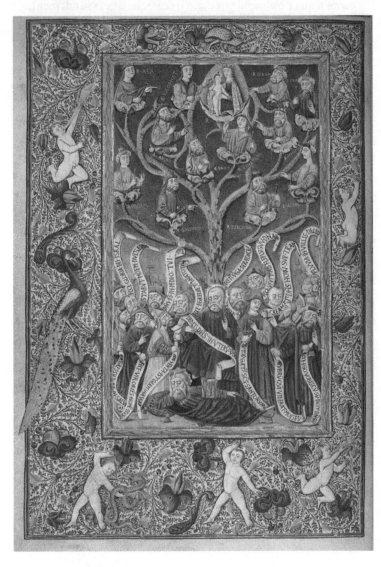

MAJORANA, Cristoforo. **Folha do Saltério**. c. 1480. Tinta e ouro sobre pergaminho, 29 cm × 15,5 cm. Museu de Arte Walters, Baltimore, Estados Unidos.

Uma charada etrusca, escrita em grego antigo, pode ser considerada uma informação eficaz, ainda que bastante criptografada, já que o propósito de uma charada é transformar a decodificação em jogo (Figura 1.4). Todavia, se uma bula de um remédio for escrita assim, a informação não é formada, visto que não logra ser eficaz.

Figura 1.4 – **Diagrama alquímico**

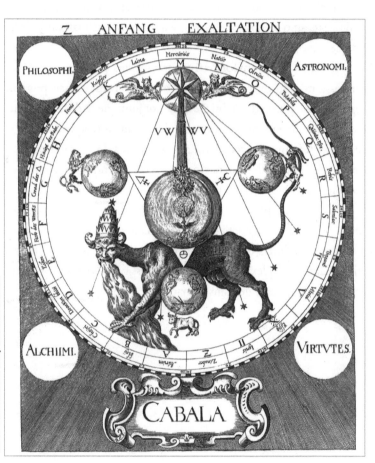

EXALTAÇÃO Z. Anfang. In: MICHELSPACHER, Stephan. **Cabala**. 1616.

Apesar de apresentar alguns conteúdos históricos e pré-científicos, as ilustrações dos antigos livros de alquimia guardavam uma polissemia complexa, fazendo com que sua compreensão fosse restrita ou mesmo indefinida. Contudo, essa era a intenção do autor e a característica de uso dessas informações.

As **definições por princípio** são, visto nosso objeto de análise, as menos recomendadas, pois, quando manejamos premissas fundamentais, somos obrigados a desenvolvê-las em exposições mais longas e mesmo menos conclusivas, já que estimulam mais um debate do que uma enunciação.

As **definições transformativas** tratam dos problemas que expomos antes, do mundo complexo em que vivemos. Isso porque, segundo esse grupo de definições, um conjunto de dados realmente é transformado em informação quando um **autor** (a agência autoral será discutida mais à frente) tratar esses dados de maneira premeditada, de modo que o **usuário** possa compreender a informação conforme ela foi projetada para ser compreendida.

Na Figura 1.5 podemos notar que o infográfico interativo conecta todos os grupos filogenéticos e, dessa maneira, indica visualmente a distância evolutiva de cada espécie. Sem eliminar dados ou tentar simplificar a complexidade da realidade, essa representação é bem-sucedida no quesito de transformação.

Figura 1.5 – **Infográfico interativo**

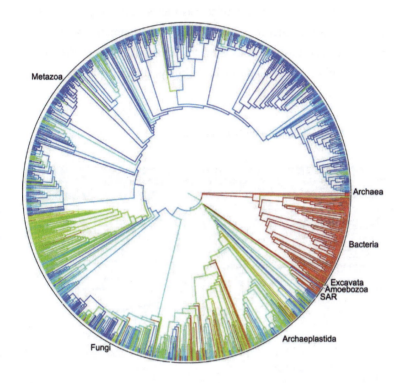

Fonte: HS, 2015.

Uma das críticas no estudo de Souza et al. (2016) é que a literatura ainda está utilizando paradigmas modernistas, tendo o centro do projeto do design como o artefato, e não o usuário.

Essa consideração é muito importante e voltaremos a discuti-la, mas antes vale observar um célebre caso, o do mapa do metrô de Londres.

Na década 1910, o mapa das estações era absolutamente fiel às ruas da época e muito preciso nas escalas. As estações do centro, que eram realmente mais próximas, se espremiam competindo por espaço, ao passo que as estações do subúrbio eram dispersas, em pontinhos solitários no meio de linhas emaranhadas, conforme demonstra a Figura 1.6.

Figura 1.6 – **Mapa original do metrô de Londres**

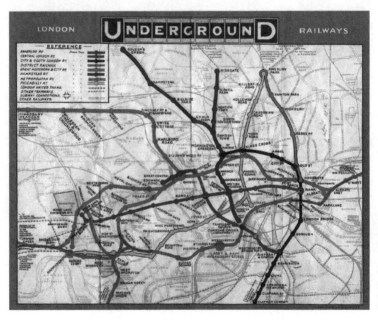

MAPA de bolso da ferrovia subterrânea de Londres. 1908. Museu do Transporte de Londres, Londres, Reino Unido.

Em 1931, o engenheiro Harry Beck construiu um mapa revolucionário: as linhas sinuosas passaram a ser retas, inclinando-se sempre em ângulos de 180°, 90° e 45°; e as curvas passaram a ser descritas por arcos regulares. Ele desconsiderou a escala das ruas de Londres para que cada ponto fosse distribuído de maneira homogênea; as estações que tinham troca de linha eram marcadas por pontos vazados, como é possível observar na Figura 1.7.

Figura 1.7 – **Mapa projetado por Harry Beck**

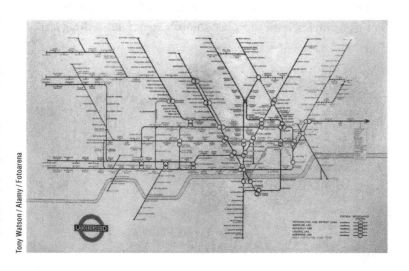

BECK, H. C. **Mapa diagramático revisado da ferrovia subterrânea de Londres**. 1932. Museu do Transporte de Londres, Londres, Reino Unido.

Esse é um exemplo muito expressivo de que a informação não é a simplificação da complexidade, tampouco a transmissão fiel dos dados. Trata-se, em verdade, de um sistema que conduz o usuário à solução de um problema, por meio de um artefato inteligível a ele, graças a uma organização premeditada de dados complexos. Tal condução, portanto, precisa sempre ser vigiada, pois as imagens, bem como a informação, podem enganar de maneira igualmente eficaz. Observe a Figura 1.8, que apresenta outro exemplo de mapa, o mapa cor de rosa, que foi um famoso deslize do Império Português, que ligou Angola e Moçambique em uma mesma fronteira, indicando sua dominação das duas costas marítimas da África e de todos os outros territórios que ficavam entre eles, isto é, mais de 2 mil km² ganhos.

Figura 1.8 – **Mapa cor de rosa**

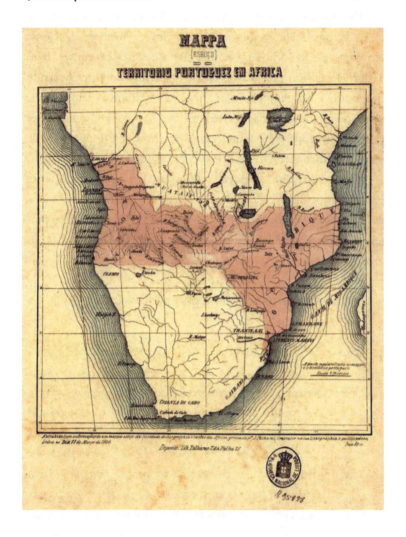

Oven (2016) apresenta como exemplo a eleição do ex-presidente dos Estados Unidos, George W. Bush Filho, que teria ocorrido em razão de um design da informação deficiente. Outro deslize? Ora, sem fazer acusação leviana alguma, devemos nos perguntar: Esse design elegeu um presidente, certo? O mesmo pode ter ocorrido com outros? Em tempos de *fake news* não custa nada lembrar que o tratamento da informação é tão útil e poderoso a ponto de ser ser perigoso. Quando ela é impermeável à crítica, tem o potencial de manipular, distorcer e formar percepções sobre a realidade.

Não é à toa que a palavra *informação* deriva do termo latim *informare*, que significa "dar forma". A partir daqui, damos luz a uma das questões mais relevantes para a história do design no último centenário e que aquece debates até hoje: a relação entre forma e função.

1.3 Forma e informação: uma perspectiva crítica

O Sr. K. observava uma pintura na qual alguns objetos tinham uma forma bem arbitrária. Ele disse: "A alguns artistas acontece, quando observam o mundo, o mesmo que aos filósofos. Na preocupação com a forma se perde o conteúdo". Certa vez trabalhei com um jardineiro. Ele me passou uma tesoura e me disse para cortar um loureiro. A árvore ficava num vaso e era alugada para festas. Por isso tinha que ter a forma de uma bola. Comecei imediatamente a cortar os brotos selvagens, mas não conseguia atingir a forma de uma bola, por mais que me esforçasse. Uma vez tirava demais de um lado, outra vez de outro. Quando finalmente ela havia se tornado uma bola, esta era pequena demais. O jardineiro falou decepcionado: "Certo, isto é uma bola, mas onde está o loureiro?" (Brecht, 2006, p. 33)

Como comentamos anteriormente, o design (como disciplina, prática e pensamento) está diretamente ligado aos avanços tecnológicos e ao fluxo de consumo da sociedade. A industrialização promoveu uma revolução sociocultural incorporando novos hábitos de consumo, comportamento, alimentação e vestimenta à forma de vida e aos hábitos da população. Assim, industrialização e "modernização" caminham lado a lado.

Dito isso, é normal que haja discordâncias sobre definições ou origens históricas do design. Reforçam essas dissonâncias as mudanças culturais e os fluxos do capital em diferentes épocas; também o fazem as discrepâncias observadas em diferentes setores industriais de um mesmo país – por exemplo, a antiga potência industrial automobilística de Detroit e o Vale do Silício, ambos estão nos Estados Unidos, mas um se transformou em uma cidade fantasma e uma usina de desempregos, ao passo que o outro abriga as indústrias mais competitivas do mundo.

A interpretação crítica ao paradigma moderno evidencia que certos dogmas não se sustentam diante de uma sociedade tão complexa e demonstra que o ensino do design até hoje carrega uma forte herança do modernismo. Obras de autores importantes e que figuram nas ementas e grades curriculares país afora, continuam traçando uma árvore genealógica do design brasileiro como se fosse uma linha: Revolução Industrial europeia, Bauhaus, Escola de Ulm (em alemão, Hochschule für Gestaltung Ulm), Escola Superior de Desenho Industrial (ESDI), design brasileiro[8].

---

8 Nos anos 1950 e 1960, o Brasil apresentava uma (impossível) ideia de modernidade ortodoxa, de origem europeia, ao passo que a Europa utilizava a ideia heterodoxa de uma tropicalização artificial.

Os efervescentes debates sobre a adequação dos artefatos industriais, iniciados na Revolução Industrial, ganharam força três gerações depois, entre 1850 e 1900, em uma sociedade que buscava soluções simples e capazes de não vulgarizar o gosto médio. A origem do design costuma ser associada a esse período, sob essas circunstâncias. De tais discussões emanaram frases como "A forma segue a função", "A forma obedece ao conteúdo", "A tipografia serve para honrar o conteúdo". Essas e outras máximas tiveram boa aceitação nos anos 1960, especialmente no Brasil, que se mostrava muito dócil a simplificações estrangeiras. O paradigma moderno por aqui durou até meados dos anos 1980.

O estilo moderno, autorreferido como *estilo internacional*, surgiu em um contexto de disputa, em que o mundo inteiro buscava a hegemonia cultural e política dos povos. Por sorte, os artefatos de personalidade hospitalar deixaram claro para todos que a hegemonia da humanidade é simplesmente a desnutrição do que chamamos de *humano*.

Mas não é razoável afirmar que o modernismo e mesmo o formalismo fracassaram, já que eles fazem parte de uma ardente necessidade do design em construir sua própria epistemologia. Tal construção ainda está em processo e, acredite, isso é uma ótima notícia. Bringhurst (2005, p. 15) formula questões fundamentais sobre a "manualização" do conhecimento:

Seja como for, uma questão aparece com frequência em meu pensamento: uma época em que todas as pessoas bem-pensantes se esforçam para lembrar-se que todos são livres para ser diferentes, como é possível que alguém escreva um livro de regras com alguma honestidade? Que razão e que autoridade possuem estes mandamentos, sugestões e instruções?

Diante das agudas críticas expostas, podemos ponderar a adoção de certos paradigmas modernos, de teorias questionáveis como a da Gestalt, com rígidos postulados geométricos como secções áureas, modulações baseadas no corpo humano ou tentativas "rebeldes" de abstrair a forma e sistematizá-la com base em conceitos como sintaxe, ritmo, harmonia, cadência, no sentido musical do termo, não são meramente uma absorção passiva e anacrônica das instituições de ensino; pelo menos não precisam ser.

Por isso, no próximo capítulo, utilizaremos os aspectos da forma para dar sentido ao conteúdo, sempre explicando as circunstâncias em que cada uma das leis foi aplicada. Partindo de análises de imagens, faremos um tipo de engenharia reversa em materiais gráficos de diferentes épocas, conectando essas soluções a problemas atuais de experiência do usuário (UX – do inglês *User Experience*) e interface do usuário (UI – do inglês *User Interface*) – muitas práticas recomendadas para aplicativos foram criadas e demostradas por ourives, sapateiros e artesões há quatro séculos; apresentaremos técnicas práticas de lidar com a informação, apoiadas em uma perspectiva histórica que resguarde nosso posicionamento crítico.

Apesar de comentar designs e designers do passado, enfatizaremos em nossas observações problemas que desenvolvemos neste capítulo: as necessidades da sociedade concernentes ao tratamento de dados, desde o século XIX até o presente, bem como a natureza autoral do design da informação e seu gradativo desvio de foco do artefato para o usuário, tendo, para isso, de prescindir do paradigma modernista de que a forma segue a função, pois ela pode não se relacionar à função, mas ser a função.

Inteligentemente, Papanek (1972) revitalizou o tema ao substituir o termo *funcionalidade* por *função social*, transformando esse debate em uma verdadeira leitura da realidade, inclusive a que estava por vir. Já Cardoso (2014) pretendeu ampliar esse debate, trazendo-o ao mundo atual – não que ele tenha se tornado menos real, mas, sem dúvida, a própria realidade é hoje algo mais confuso e complexo. O fato é que a função social do design, principalmente do design da informação, está atrelada à discussão do papel do profissional de design, de sua agência autoral e de sua responsabilidade com o usuário.

A crítica ao modernismo é importante porque nos retira do mundo imaginário das formas e nos prepara para os grandes problemas de *big data* e as rápidas mudanças socioculturais em curso – um furacão no qual o designer deve entrar para exercer seu papel social, o de recompor o mundo com base nesses fragmentos.

Essa agência autoral, importantíssima para o manejo dos problemas que o mundo complexo apresenta, não consiste em eliminar a complexidade, mas em lidar com ela, tirar partido dela. Em outras palavras, é hora de, como contou Brecht (2006), transformar o loureiro em bola, sem que ele deixe de ser loureiro.

Agora, correndo o risco de parecermos contraditórios, defendemos que a melhor maneira de lidar com os problemas na prática é adotando o paradigma formalista. Sim, ele mesmo, com todos aqueles axiomas geométricos, leis áureas, diagonais barrocas etc. É aí que reside um fecundo terreno de técnicas aplicáveis para organizar visualmente a complexidade, não como leis dogmáticas, mas como cartografias que indicam caminhos ou, como descreve Bringhurst

(2005, p. 16), como estrada aberta, que, "aliás, é o que define mais precisamente a utilidade de uma estrada: alcançar pontos individuais de saída".

Assim, tais regras serão apresentadas como são: ferramentas. Devemos usá-las e não nos subordinarmos a elas. No mais, finalizemos este capítulo com a sabedoria popular de avós e cozinheiros: seguir a receita à risca é coisa de principiante. Portanto, vamos aprender algumas receitas de design.

Hora de afiar as tesouras e enfrentar o desafio do loureiro!

INDICAÇÕES CULTURAIS

OBJECTFIED. Direção: Gary Hustwit. EUA: Swiss Dots, 2009. 76 min.

Fascinante documentário sobre as relações da cultura material e da história do design no século XX. Procure assisti-lo com um olhar crítico, pois ele reproduz alguns deslumbramentos do design modernista que discutiremos no próximo capítulo.

A CONSTRUÇÃO do futuro: 100 anos da Bauhaus. Direção: Niels Bobrinker e Thomas Tielsch. Alemanha, 2018. 95 min.

Esse documentário é factual e expositivo; por isso, é possível desfrutar à vontade dos detalhes históricos da Escola da Bauhaus, sobre a qual comentaremos brevemente no Capítulo 2.

DESAFIO PRÁTICO

1. A anedota do diplomata e do jardineiro exposta neste capítulo é separada em sete partes, nas quais a mensagem vai e volta em "diferentes direções". Faça uma representação visual dessa anedota em formato de infográfico; você pode usar digramas, setas e riscos em um papel ou um gráfico vetorial, a técnica é livre.

2. Ao longo deste capítulo, verificamos com certa perplexidade, por meio de estatísticas, medidas de tempo e outros dados, como o mundo está cada vez mais complexo. Organize visualmente os pontos mais importantes trabalhados neste capítulo, da forma que você achar mais compreensível, a técnica é livre, porém você deve ocupar apenas uma folha de papel tamanho A4.

Capítulo 2

REGRAS:
UMA RESPOSTA
À DESORDEM

Depois da vasta quantidade de dados e de problemas da suposta era da informação que expusemos no Capítulo 1, podemos agora respirar um pouco e olhar para o passado, para a história do design, pelo menos em parte. Ainda que você, leitor, já esteja familiarizado com o assunto, recomendamos que não pule este capítulo, pois a crise pela qual passamos na atualidade, com problemas aparentemente incontornáveis, são concomitantes às crises do design. Sim, o design é parte do problema, mas pode ser parte da solução também. E, como a solução sempre vive na vizinhança do problema, é bom circular nos lugares e nas épocas em que o design surgiu.

De acordo com Ambrose e Harris (2009, p. 166):

> Como designers, aprendemos regras, aceitamos axiomas e desenvolvemos padrões de trabalho. Essas regras na verdade são apenas guias – não existem absolutos no design –, e sempre existe um limite a ser expandido e novos territórios a serem explorados. Na prática, é importante conhecer as regras, mas não ficar preso a elas. É vital criar um ambiente em que ideias criativas apareçam – e construir o nosso próprio "banco" de abordagens para usar sempre que necessário.

O emblemático jogo de xadrez de Josef Hartwig (Figura 2.1) é um dos mais interessantes exemplos do ideal da forma que segue a função. Cada peça, por seu formato, indica as direções em que pode se mover e a abrangência desse movimento. Desse modo, cada peça é uma unidade informativa de si mesma; é como se as regras do jogo já fossem comunicadas por meio dele mesmo, da maneira mais direta e objetiva possível, sem ornamentos, sem símbolos, somente o absolutamente necessário.

Figura 2.1 – **Tabuleiro de xadrez criado em 1922 por Josef Hartwig**

Mesmo admirando a elegância de tal síntese, não nos iludimos acreditando que alguém que nunca viu um xadrez possa aprender a mover as peças apenas observando-as. Aliás, será que a forma como as peças se movem é a informação mais essencial do jogo? Será que as representações simbólicas do rei, dos peões etc. não são uma síntese mais inteligente para a simulação de uma guerra, do ponto de vista estratégico? Existiria uma real necessidade de sacrificar a representação de um cavalo, com toda a carga simbólica e histórica que essa peça tem, por um objeto em formato de L que indica, constantemente ao jogador, que aquela peça se move assim? Que importância tem esta informação para deformar um artefato com tantas camadas simbólicas?

Mas deixemos as questões simbólicas e linguísticas do design da informação para mais tarde; por enquanto, assumiremos uma perspectiva histórica para tratar desse artefato e da dualidade entre forma e função.

No limiar do século XX, a Europa e o mundo passavam por aceleradas mudanças em todos os campos do conhecimento, sendo que quase todos os países eram movidos pelos fenômenos da urbanização e da emergência de uma cultura de massa, produzida pela industrialização das décadas anteriores.

O movimento do *art noveau* foi uma das mais importantes tentativas do desenvolvimento das artes aplicadas, desincorporando-se do que se entendia por *belas artes*. Um símbolo recorrente desse movimento foi a obra do artista gráfico Alphonse Mucha (1860-1939), que desenvolveu uma série de trabalhos litográficos com grande apelo popular, mas desdenhados por círculos mais conservadores, que julgavam suas ilustrações vulgares e de mau gosto.

Figura 2.2 – **Cartaz comolitográfico de Alphonse Mucha para os cigarros Job**

MURCHA, Alphonse. **Job**. 1894. Litografia sobre papel, 141 cm × 93,8 cm. Galeria Nacional da Austrália, Camberra, Austrália.

Pode-se imaginar que algum entusiasta dos progressos industriais daquela época poderia deslumbrar-se com o cartaz do cigarro da marca Job (Figura 2.2), mas fazer uma suave crítica sobre o conteúdo e o propósito comunicativo dele: Seria mesmo o cigarro o protagonista desta imagem? Alguns desses entusiastas não se preocupavam com ponderações cuidadosas nem com o futuro das belas artes. No auge do *art noveau*, em 1910, o arquiteto Adolf Loos leu, pela primeira vez, seu mais ácido e famoso ensaio: *Ornamento e crime*. Para ele, o ornamento é desperdício da saúde do trabalhador e do material empregado na confecção do artefato.

O homem atual, que na sua ânsia interior besunta as paredes com motivos eróticos, é um criminoso ou um degenerado. Aquilo que no Papua e na criança é natural é no homem moderno uma manifestação de degeneração. Eu cheguei à seguinte conclusão, que quero partilhar com o mundo: a evolução cultural é proporcional ao afastamento do ornamento em relação ao utensílio doméstico. Pensava, com isto, trazer alguns novos amigos ao mundo, mas o mundo não me agradeceu. As reações foram de tristeza e de desânimo. (Loos, 2006, p. 2)

Por falar em crime e degeneração[1], a leitura do referido ensaio pode ser uma experiência bastante desagradável sob vários aspectos, principalmente em razão de seu leque de preconceitos. Contudo, há uma crítica pertinente no texto: de fato, o trabalho industrial estava exaurindo os operários, produzindo artefatos caros, sem utilidade e, de certa maneira, contribuindo negativamente para a sociedade. A escola de design de Bauhaus[2] e, mais tarde, a Escola de Ulm[3] conseguiram separar o design – como pensamento, técnica e função social – de variadas atividades subordinadas à indústria, as quais eram genericamente caracterizadas como *artes aplicadas*. Com isso, logrou incorporar as necessidades sociais que pareciam emergir naquele contexto histórico: um novo tipo de estética, alinhada com a tecnologia e o mundo do trabalho e da produção.

---

1   Impossível não lembrar da infame expressão *arte degenerada*, que, mais tarde, foi usada pelo regime nazista para depreciar a arte moderna. "O conceito de arte degenerada (*entartete kunst*) remonta aos movimentos culturais racistas surgidos na Alemanha no final século XIX, especialmente as [sic] ideias de Max Nordaus, que o tomou emprestado da biologia para desqualificar as manifestações artísticas que se opunham à tradição cultural germânica e, em especial, a sua escola de pintura realista, considerada, a um só tempo, exemplo de arte "sadia" e evidência da superioridade étnica dos arianos" (Trimano, 2014).

2   "Bauhaus foi fundada na Alemanha em 1919 e fechou em 1933. Denominada inicialmente de Staatliches Bauhaus Weimar, integrando a Academia de Belas Artes de Weimar e a Escola de Artes Aplicadas de Weimar, seu nome derivou do verbo alemão *bauen* (construir) e do substantivo *Haus* (casa)" (Calegari; Lima; Civiriano, 2013, p. 83).

3   "Max Bill, ex-aluno da Bauhaus, fundou, em 1951, *a* Hochschule für Gestaltung *Ulm*, ou *Escola* Superior da Forma de *Ulm*, onde foi diretor de 1953 a 1956. A escola surgiu no fim da Segunda Guerra Mundial, em que a Alemanha tentava fortalecer seus referenciais, como qualidade, superioridade e idealizadora de tecnologia. Esses valores serviram como plano de apoio para a reestruturação da economia e da identidade do povo alemão" (Basso; Staudt, 2010, p. 22, grifo do original).

Figura 2.3 – **Cartaz de Joost Schmidt (1893-1948), primeiro aluno da Bauhaus**

SCHIMIDT, J. **Cartaz de exposição da Bauhaus**. 1923. Museum: Bauhaus Archiv Berlin, Berlim, Alemanha.

Apesar de não ter durado nem 20 anos, e tendo formado apenas 1.250 alunos, a Bauhaus é a mais famosa e influente escola de arte, arquitetura e design do século XX. Praticamente todos os currículos de ensino de design mundo afora bebem dessa fonte. Ela foi o marco do surgimento do design modernista e uma das mais bem-sucedidas tentativas de unir arte, técnica e indústria de maneira orgânica. Sua influência, seja no meio acadêmico, seja no meio profissional, é presente e constantemente revitalizada até os dias de hoje (Calegari; Lima; Civiriano, 2013).

Figura 2.4 – **Diagrama do currículo da Bauhaus**[4]

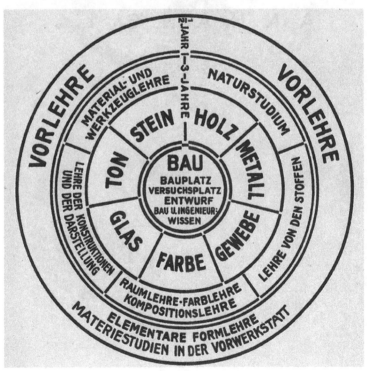

(continua)

---

4   Na próxima página, tradução nossa.

(Figura 2.4 – conclusão)

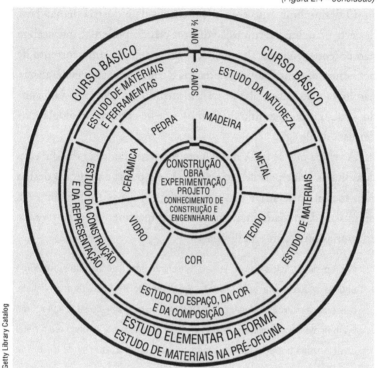

GROPIUS, Walter. **Diagrama do currículo da Bauhaus**. 1922. Litografia, 20,2 cm × 29,3 cm. Coleção de Tipografia Bauhaus, 1919-1937. Instituto de Pesquisa Getty, Los Angeles, Estados Unidos.

O currículo da Bauhaus (Figura 2.4) foi o ponto alto de um longo processo de elaboração crítica, que começou no século XIX, com as primeiras reflexões sobre o papel social do que, mais tarde, seria nomeado *design*. Este não seria um artesanato aplicado ao contexto fabril ou um maquiador de produtos, mas sim um produtor de conexão orgânica entre o objeto que o operário fosse capaz de construir e a máquina que o reproduzisse em larga escala, de modo a resolver os problemas da maior quantidade de pessoas possível. A beleza de um artefato estava nesse holístico projeto funcional.

O deslumbramento com os potenciais da indústria demandava, de certa maneira, a formulação de uma ciência projetual, que acabou não obtendo bons resultados. Ora, quase sempre uma corrente de pensamento, cientificamente precária e com pretensões generalistas, não logra êxito; ela acaba se transformando em ideologia (aplicando-se aqui o pior sentido do termo) – nesse caso, na ideologia modernista do design.

A crítica que se faz à abordagem moderna pode ser dividida em duas linhas principais de raciocínio: (1) ela pensa e pratica o design com foco no artefato, e não no usuário; (2) ela se fundamenta em premissas demasiadamente abstratas, impertinentes e, por vezes, arbitrárias ou mesmo totalitárias.

> Um regime totalitário possui, em sua essência, uma estética que serve como padrão de sua organização, controle e manutenção. Ele utiliza as artes visuais, o cinema, a música, a arquitetura, a literatura, os meios de comunicação como instrumentos que legitimam a sua ideologia política. Esta estética é em geral caracterizada por uma padronização do estilo artístico, que tende a suprimir todos os outros. (Bortulucce, 2008, p. 25)

É importante tratar brevemente o totalitarismo para apresentar uma ponderação aos críticos mais incautos: a Bauhaus nada tinha de totalitária, era um experimento artístico, pedagógico e social sem precedentes, com características revolucionárias em quase todos os seus aspectos. O arquiteto Ludwig Mies van der Rohe (1886-1969), em 1954, assim descreveu a escola: "A Bauhaus não era uma instituição com um programa claro – era uma ideia" (Rohe, citado por Basso; Staudt, 2010, p. 21).

Ela tinha uma liberdade intelectual tão fecunda que foi fechada por contrariar o emergente regime nazista. Por isso, também é necessário observar a escola por um ponto de vista histórico, já que ela surgiu depois da Primeira Guerra Mundial, a qual destruiu o país e o deixou submetido ao Tratado de Versalhes, que impediu a capacidade de recuperação econômica alemã por muitos anos.

Figura 2.5 – **Bauhaus atualmente, em Dessau, na Alemanha**

A Bauhaus é considerada uma obra-prima da arquiterura moderna, figura na Lista do Patrimônio Mundial da Organização das Nações Unidas para a Educação, a Ciência e a Cultura (Unesco)

A Bauhaus, já em sua origem, se propunha a criar meios para que os produtos industriais fossem acessíveis à maior parte da população, utilizando materiais baratos e soluções simplificadas que pudessem ser produzidos em série, com grande foco na funcionalidade (Lourenço; Ribeiro, 2007).

> A constituição do design gráfico como campo de atuação profissional tem como raiz o funcionalismo, que estabeleceu uma série de parâmetros que garantiriam a execução de um bom design. A noção da práxis profissional transparente vincula-se diretamente aos projetos que seguem este tipo de orientação (*form follows function*) que não é intrínseca à área de atuação, mas resulta de um período histórico específico, assinalado pela Constituição dos meios de produção capitalista. Embora predominante durante a modernidade, não foi sua expressão única, embora a mais evidente e ortodoxa, enfim, a que consta nos currículos de formação de profissionais, nos anuários de design etc. (Gruszynski, 2008, p. 23)

Os modernistas profetizavam que o avanço tecnológico conduziria os artefatos a uma forma ideal, denominada por eles *forma-tipo*, uma forma-padrão de cada artefato. Nas entrelinhas desse pensamento, escondem-se as mais variadas expressões, tanto da democratização dos bens de consumo quanto da formação de sociedades homogêneas e padronizadas, divorciadas da pluralidade subjetiva da cultura.

Por exemplo, na Figura 2.6, a seguir, consta uma fonte tipográfica autointitulada *universal*, construída a partir de arcos regulares e linhas ortogonais, tendo apenas letras minúsculas. Essa estratégia é bastante coerente com o ideal moderno, já que manejar dois grupos de tipografias seria mais caro e gastaria mais materiais, o que, nos rigorosos termos do arquiteto Adolf Loos, seria um desperdício.

Figura 2.6 – **Tipografia feita por Herbert Bayer**

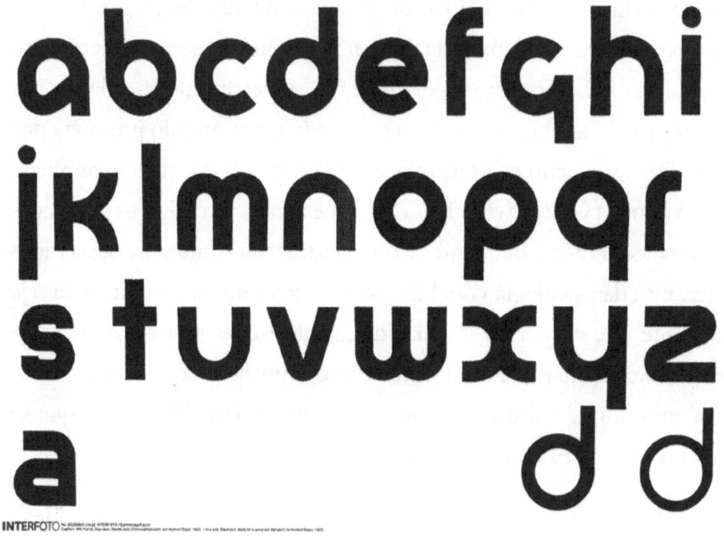

Sammlung Rauch / Interfoto / Fotoarena

BAYER, H. **Fine arts, study for a universal alphabet**. 1925. Bauhaus, Berlim, Alemanha.

Diante desse exemplo, voltamos às mesmas perguntas que lançamos ao visualizar o xadrez de Josef Hartwig: Seria mesmo necessário tamanha racionalidade para amputar um aspecto cultural, com origens tão diversas, como as diferenças entre letras maiúsculas e minúsculas? O que se deseja atingir com um enfoque tão obtuso na função que as coisas desempenham?

Poderíamos escrever centenas de volumes descrevendo a função que a cultura tem; todavia, mesmo que não tivesse utilidade alguma, ainda seria importante. O desenvolvimento tecnológico e as mudanças culturais do pós-guerra demonstraram pouco a pouco como era a ideologia modernista – por vezes, impertinente. A relação das cores primárias com o círculo, o quadrado e o triângulo proposta por Kandinsky soa como interpretação quase exotérica[5] (a face pública). Mesmo a Gestalt (ver Figura 2.7), que alcançou resultados científicos mais consistentes, é frequentemente questionada como uma observação mecânica da psicologia visual de todos os seres humanos[6]. Embora seja evidente que o aparato visual tem características generalizáveis, não é razoável afirmar que a interpretação das imagens seja somente mais um episódio da cultura humana, incompatível com descrições que se assemelhem a leis da física ou de princípios matemáticos[7].

5   "O artista levou seus interesses científicos para a Bauhaus, e também dispôs de métodos empíricos para examinar as relações entre formas e cores. Em Weimar, fez um novo levantamento com intuito de confirmar as relações entre as cores primárias vermelho, amarelo e azul com o quadrado, o triângulo e o círculo" (Wedekin, 2016, p. 82).

6   "O princípio da Gestalt foi desenvolvido no início do século XX por dois famosos teóricos: Wolfgang Köhler e Kurt Koffka. Eles observaram que a mente humana tem um comportamento bem padronizado ao perceber as formas vistas nos objetos, nas pessoas, nos cenários e em tudo o que enxergamos". Ela se divide em oito leis fundamentais: (1) unidade; (2) segregação; (3) unificação; (4) fechamento; (5) continuidade; (6) proximidade; (7) semelhança; e (8) pregnância (Gráfica KWG, 2017).

7   "O indivíduo que cresce no moderno mundo ocidental, condiciona-se às técnicas de perspectiva que apresentam um mundo sintético e tridimensional através da pintura e da fotografia, meios que, na verdade, são planos e bidimensionais. Um aborígine precisa aprender a decodificar a representação sintética da dimensão que, numa fotografia, se dá através da perspectiva" (Dondis, 1997, p. 67).

Figura 2.7 – **Quatro cabeças ou um elefante?**

O mapa do metrô de Londres feito por Harry Beck em 1932 (ver Figura 1.6) usava princípios matemáticos e subordinava o conteúdo visual a uma forma racionalista, funcional e livre de ornamentações ou elementos que não justificassem seu propósito de existir. Esse mapa, ao lado do método *isotype*[8] (sobre o qual versaremos mais à frente), foi, sem dúvida, um dos principais marcos do design da informação tal como o entendemos hoje (Quintão; Triska, 2013).

No caso do mapa, trata-se de um design tão bem-sucedido que é praticamente onipresente nos metrôs do mundo inteiro. Então, se considerarmos a época em que ele foi criado (na década de 1930, contemporânea de eloquentes manifestações do modernismo) e os resultados atingidos, não seria plausível admitir que a estética

---

[8] Acrônimo para International System of Typographic Picture Education (Sistema Internacional de Educação pela Imagem Tipográfica).

modernista realmente apresentou uma sólida teoria científica alcançável pelo design? Considerando especificamente esse artefato, é difícil sustentar essa conclusão.

Se tomarmos o mapa de Beck como um dos maiores êxitos da ideologia modernista, poderemos apontar seu fracasso no quesito que lhe era mais caro: a universalidade. Não há nada de universal em um mapa, ele é um artefato com signos e símbolos, que exigem a decodificação de um usuário capaz de extrair sentido dessas informações. Portanto, nesse contexto, a forma só tem função para aqueles que aprenderam o que ela significa[9]. Para usar um mapa, é preciso saber ler um mapa. A conclusão que emana dessa observação é que o design, bem como a informação, é uma **linguagem**.

A partir daqui, convém relembrar o método *isotype* no intento de reforçar a visão do design da informação como linguagem. Ainda na década de 1930, o economista austríaco Otto Neurath introduziu um método para comunicar dados estatísticos de estudos socioeconômicos por meio de um sistema de símbolos, pictogramas e imagens, descritas em um dicionário com 2 mil deles e uma gramática visual completa.

Esse método tinha o arrojado objetivo de transmitir informações complexas de uma maneira clara, simples e supostamente autoexplicativa, independentemente do idioma do usuário, de sua idade ou repertório intelectual, já que as informações eram dirigidas ao público leigo e até mesmo às crianças em idade escolar (Quintão; Triska, 2013).

---

9 "Conforme as sociedades avançam tecnologicamente, mais se desenvolve a gama de nomes para cores. Com uma maior capacidade de manipulá-las e com a disponibilidade de novos pigmentos, surge a necessidade de uma terminologia mais refinada. A cor azul é a última, porque, além de não ser encontrada tão comumente na natureza, levou muito tempo para fazer este pigmento" (Deutscher, citado por Por que civilizações..., 2016).

Figura 2.8 – **Diagramas** *isotype*

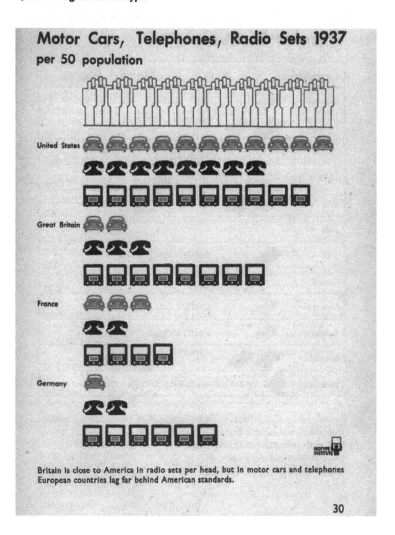

FLORENCE, P. S.; FLORENCE, L. S.; SMELLIE, K. B. **America and Britain**: Three Volumes in One. London: Harrap, 1946. p. 30.

Para questionar se esse sistema é mesmo autoexplicativo, basta considerar o fato de que ele tinha uma gramática e um dicionário. Segundo Dondis (1997, p. 9), "Qualquer sistema de símbolos é uma invenção do homem. Os sistemas de símbolos que chamamos de linguagem são invenções ou refinamentos do que foram, em outros tempos, percepções do objeto dentro de uma mentalidade despojada de imagens".

Sem abandonar completamente os dogmas relacionados à forma e à função, o design modernista continuou se desenvolvendo e construindo uma epistemologia em interação com seus críticos, criando uma teoria para o design, que protagonizou a agência de grande parte da produção e do consumo de massa mundo afora.

> O design moderno emergiu em resposta à Revolução Industrial, quando artistas e artesãos com mentalidade reformista tentaram conferir uma sensibilidade crítica à feitura de objetos e à mídia. O design tomou forma como uma crítica à indústria, ganhou, entretanto, seu status maduro e legítimo ao tornar-se um agente da produção em máquina e do consumo em massa. (Lupton; Miller, citados por Gruszynski, 1999, p. 6-7)

O mais importante para nossa reflexão é que o ensino do design também estava nesse mesmo contexto, seja para afirmar, seja para negar o paradigma moderno. "O design é uma das pouquíssimas profissões que se estabeleceram antes como ensino, através de escolas, do que pela prática" (Souza, 2001, p. 11).

2.1 Rebeldia: oposição às regras

As regras da Bauhaus e do modernismo já não cabiam em um mundo cheio de velocidade, o mundo dos *baby boomers* (a geração nascida no pós-guerra), da esperança de um mundo que estava chegando na era de aquário.

Talvez seja possível dizer, então, que, no modernismo, o sujeito impôs um princípio orgânico de união das partes, homogeneizando sua mensagem. No pós-modernismo, ao contrário, o designer ressalta o caráter dispare dos materiais heterogêneos, em que a totalidade não é orgânica, mas composta de fragmentos de natureza diversa e complexa (Gruszynski, 2008).

O pós-modernismo, principalmente na década de 1960 e princípio da década 1980, transformou a crítica ao formalismo em gesto prático, projetando artefatos que desafiavam o entendimento de função e mostrando que a ilegibilidade, por exemplo, podia ser extremamente comunicativa.

Os pós-modernos também desnudaram algumas ilusões sobre o trabalho do designer, demonstrando que a suposta neutralidade estilística dos modernistas e a total subordinação do projeto a sua função escondiam sempre uma intenção subjetiva, a autoria de um sujeito.

Ao expor sua expressão autoral, o pós-modernismo revelou que, por detrás de um artefato, sempre há um sujeito, com seus interesses, suas idiossincrasias e ideologias. Aliás, esse é um alerta que continua sendo válido até hoje.

A incorporação da cultura popular e a reconciliação com os espectadores também fazia parte desse movimento, algo que certamente deixaria Adolf Loos profundamente indignado. A pluralidade, o espontaneísmo artístico e as manifestações locais já não precisavam ser escondidos sob a nobre justificativa de que os objetos industriais deveriam ser adequados à produção da máquina, ao trabalho do operário e à apropriação desses artefatos por um preço acessível.

As interdições técnicas para a reprodução em larga escala já eram bem menores do que no distante século XIX; a classe operária havia conquistado relativo conjunto de direitos com a emergência da social-democracia, depois da Segunda Guerra Mundial, que também produziu uma aversão à ideia de hegemonia cultural, dados os traumas vividos entre 1920 e 1940.

Com certo distanciamento histórico, é interessante notar que mesmo o pós-modernismo não era completamente antagônico ao modernismo. Afinal, sua coerência na rejeição de *grids* e princípios formalistas e na disposição premeditadamente caótica dos objetos era algo tão visível que podia ser reduzido a uma metodologia padronizável. Desse modo, ao negar o paradigma moderno, o pós-modernismo criou outra ideologia, que não era uma dissociação, mas uma ramificação das teorias anteriores (Gruszynski, 2008).

Os avanços tecnológicos prosseguiram, a cultura industrial foi difundida mundialmente, e a globalização já começava a estabelecer suas raízes. O design, então, passou a ganhar cada vez mais protagonismo econômico, desenvolvendo uma sociedade de consumo gigantesca, que demandava mais inovações estilísticas e tecnológicas, em um mundo despreocupado com os impactos ambientais, de urbanização descontrolada e acentuadas desigualdades sociais.

A partir dos anos 1980, foi incorporada a ferramenta que mudou o trabalho do designer para sempre: o computador.

A computação gráfica ampliou as possibilidades de manipulação das formas e recursos gráficos, centralizando nas mãos do designer gráfico uma série de decisões que lhe asseguram uma maior autonomia no desempenho de suas funções. Isso se dá em um contexto associado à introdução das teorias pós-estruturalistas no âmbito da atividade. Tais teorias e os objetos gráficos gerados sob sua inspiração (muitos de modo intencional e consciente, outros tantos impulsionados pelo contato com a produção de diferentes profissionais) têm sido caracterizados como design pós-moderno. (Gruszynski, 2008, p. 12)

Com a chegada da computação gráfica, o céu parecia ser o limite para o designer; no entanto, este abrupto embarque tecnológico acabou desafiando o protagonismo do design nas transformações industriais que estavam por vir.

2.2 Crise diante de um mundo informatizado

Aqui, chegamos a um ponto importantíssimo, no qual tanto os desafios do *big data* começam quanto certa crise no design desponta no horizonte.

Hoje, os ramos eletrônicos da Idade da Máquina ameaçam dissolver a autoridade do design como sequência definida de objetos e sujeitos. O design está disperso através de uma rede de tecnologias, instituições e serviços que definem a disciplina e seus limites. (Lupton; Miller, citados por Gruszynski, 1999, p. 6-7)

Dos anos 1930 até meados de 1980, a crítica à ideologia modernista não foi um aríete destruidor; foi, em verdade, um intenso e frutífero período de enriquecimento para o campo do design, que se valeu de conhecimentos da psicologia, da semiótica, da sociologia etc. para enriquecer-se como área de estudo em escolas e universidades mundo afora. A área assumiu o propósito de compreender a cultura material, a um só tempo, como artefato e como linguagem ou manifestação estética.

Como informamos até este ponto da obra, o paradigma moderno veio da crítica ao ornamento, que surgiu de movimentos críticos às belas artes. Nesse sentido, o conhecimento se constrói e se aprimora em camadas justapostas, e não em substituições de conhecimentos do passado por conhecimentos mais recentes.

Na transição das décadas de 1980 e 1990, o computador foi inserido no contexto profissional do design, muito mais rapidamente que no campo acadêmico ou de ensino. Algumas das muitas consequências disso foram: os frutíferos debates esfriaram; a teoria do design distanciou-se continuamente da prática profissional; e a ideologia modernista tornou-se um conjunto de ideias ociosas, às vezes até indesejáveis, principalmente no design gráfico.

Qual era a defesa prática do uso de um arco regular em detrimento de uma curva livremente sinuosa? Quais as interdições técnicas de usar várias tipografias ou cores não codificadas? Existem várias respostas a essas perguntas, mas o intento de respondê-las não era mais tão interessante.

O desconhecimento sobre o uso adequado de grids em projetos gráficos, quase 60 anos depois, são [sic] fáceis de serem percebidos, pois, na falta de uma grid, evidencia-se a fragilidade criativa do designer gráfico no desenvolvimento de suas ideias. E isso não se trata de bloqueio criativo para o desenvolvimento do projeto. Um projeto de peça gráfica publicitária pode até parecer visualmente aleatório, randômico, mas, certamente, até indica mais a ausência de uso de malhas gráficas, ordenando e arranjando a composição das informações. (Lima; Gomes, 2019, p. 3)

A ideologia moderna, com todos os seus problemas, apresentava ferramentas, premissas, pontos de partida para o ensino e a aprendizagem do design. Todos esses elementos eram úteis e tinham uma boa aceitação na indústria de consumo, o que fazia com que o modernismo tivesse força suficiente para manter a dialética com seus críticos. Perdida essa força, a dialética foi interrompida, a crítica deixou de ser provada ou refutada para ser quase esquecida fora da ambiência acadêmica.

O advento do computador como ferramenta de design não deu espaço à resistência: de uma forma ou de outra, ele rapidamente passou a ser fundamental para o design, o que, a princípio, gerou certa padronização de estilos baseados naquilo que os *softwares* permitiam fazer. Como esses recursos ficaram cada vez mais variados, os estilos também passaram a expressar as capacidades dessa nova ferramenta, até o limite da extravagância.

Rapidamente ganhando escala, o computador pessoal passou a ser mais acessível, assim como os *softwares* gráficos, que abriram possibilidades a pessoas sem nenhuma formação ou treinamento técnico em artes ou design e sem experiência com a administração estratégica da informação em um artefato. Assim, indivíduos completamente alheios aos debates modernos, antimodernos ou pós-modernos, puderam exercer a atividade de designer. Isso forjou a ilusão de que qualquer pessoa que manejasse tais *softwares* poderia fazer bons artefatos gráficos com pouco esforço e muita rapidez (Gruszynski, 2008). Como expõem Lima e Gomes (2019, p. 2),

princípios, presentes nas propostas dos primeiros cursos de Design no Brasil, como o curso da ESDI (escola fundada em dezembro de 1962), estavam alicerçados no encontro de linguagens gráficas formais intrinsicamente ligadas ao Design, enquanto atividade autônoma que sintetizasse as concepções projetuais industriais e quiçá, por desdobramentos de práticas coevas, artísticas. Todavia, a partir da década de 1990, o ensino de Design no Brasil foi fortemente influenciado pela introdução do computador no processo produtivo gráfico, bem como pela disseminação da estética pós-modernista. As consequências são, hoje, fáceis de serem reconhecidas, pois se mostram tanto no esquecimento de práticas clássicas pedagógicas quanto no distanciamento das estratégias de gestão de projeto nos escritórios de Design.

No campo do design de produto, a presença do computador também afetou as antigas etapas projetuais ou as preocupações com a adoção de estilos duradouros. Em uma sociedade de consumo extremamente estimulada por uma sucessão impaciente de novas tecnologias, o projeto foi subordinado, cada vez mais, às necessidades do usuário, a seus desejos e às tendências efêmeras apontadas por estudos de ergonomia e de *marketing*.

Focar no usuário e em sua experiência em detrimento da exagerada atenção que se dava aos artefatos foi e continua sendo uma mudança benéfica para o design. Entretanto, como já informamos, as discussões arrefeceram, permitindo o intercâmbio automático de certos métodos projetuais e de avaliação de artefatos, muitas vezes, sem a formulação de uma transição adequada.

Como exemplo, os artefatos informacionais podem ser considerados um tipo de interface, mas dado às diferenças entre eles, tal equivalência ainda é uma questão em aberto, embora nem sempre isso seja levado em conta. O uso cada vez mais frequente de computadores, celulares, *tablets* e variados tipos de suportes eletrônicos aproximou o design da informação e o design de interfaces, borrando os limites entre esses dois campos de estudo (Quintão; Triska, 2013).

O livre intercâmbio entre a categorização de um artefato informacional e o de uma interface pode produzir erros tanto no projeto quanto na avaliação de um projeto que tenha como função principal a informação. É preciso compreender a natureza dos conceitos para eles interagirem adequadamente.

De acordo com Fernandes (2015, p. 85), a experiência do usuário é uma área da ciência que busca "entender e mensurar essa experiência desde as expectativas que o usuário cria, ou seja, suas primeiras impressões do artefato, no primeiro momento, passando pela qualidade de uso (Usabilidade), finalizando com as impressões finais que o usuário retém após o uso".

O ramo da usabilidade, no contexto da ergonomia, ganhou grande preponderância pela emergência de artefatos em que o **uso** depende da **habilidade** do usuário; os aspectos de avaliação destes acabam dividindo-se em questões de satisfação, eficácia e eficiência. Como esses artefatos se expressam por informações visuais, a ergonomia e o design da informação associaram-se de maneira automática.

Muitas vezes, essa associação é impertinente, principalmente quando a eficiência da informação é projetada e avaliada com os mesmos critérios que se aplicariam a uma geladeira ou a um aspirador de pó.

Os objetivos do design de informação, de acordo com Horn (2000) são: (1) o desenvolvimento de documentos que sejam compreensíveis, recuperáveis com rapidez e precisão, e fáceis de se traduzir para uma ação efetiva; (2) o projeto de interações com equipamentos que sejam fáceis, naturais e agradáveis, o que pode vir a solucionar problemas no design de interfaces humano-computador; e (3) a possibilidade de permitir que as pessoas consigam se orientar em um espaço tridimensional com facilidade e conforto, sendo esse espaço principalmente o espaço urbano, mas também o espaço virtual. (Quintão; Triska, 2013, p. 110)

McCloud (1995) exemplifica que, em artefatos narrativos, é essencial que o atraso e a imprecisão da leitura da informação sejam projetadas para dar ritmo a uma história ou para destacar um ponto de atenção que deve ser compreendido de maneira mais lenta, ou seja, para adicionar substância subjetiva à narrativa, com as mais diferentes técnicas[10].

A desassociação da teoria e da prática exerceu impactos negativos também na compreensão social do designer, em sua ética profissional, na compreensão dos impactos e das consequências de sua existência

---

10 *"Cadavre exquis* é a técnica surrealista que explora o acaso na produção de palavras ou imagens. O conceito tem uma base semelhante à do jogo em que várias pessoas se revezam para escrever ou desenhar algo em uma folha de papel, que então é dobrada para ocultar seu conteúdo antes de seguir para a próxima pessoa, que repete as ações. Essa mesma técnica é utilizada por designers, só que os elementos são selecionados ou formatados deliberadamente, de modo que sejam compatíveis entre si, [...] podem incluir um elemento de pausa, inesperado ou mesmo absurdo [...] criam uma sensação de diversão, de surpresa, e podem ser utilizados para desconstruir o fluxo normal de uma narrativa" (Ambrose; Harris, 2014, p. 114).

na sociedade. Como efeito, esse trabalhador alienou-se das raízes dos problemas causados pelo capitalismo que degrada o meio ambiente, acentua as desigualdades sociais e desorganiza as informações atinentes a uma sociedade democrática.

Como já mencionamos no Capítulo 1, a complexidade do mundo atual exige providências no tratamento da informação, em soluções que estejam à altura de problemas tão variados e interconectados que não aceitam simplificações "eficientes".

Já não é aceitável que o designer se refugie em um *status* genial de profissional criativo, nem que seja completamente passivo às demandas inconsequentes dos departamentos de *marketing*. Por isso, é importante pacificar um método e obter um mínimo consenso em questões fundamentais, para enfrentar os enormes problemas que estão no horizonte do design da informação.

2.3 Design da informação: é possível ensiná-lo?

É difícil afirmar com certeza se o design da informação pode ser ensinado; mas, sem sombra de dúvida, ele deve ser aprendido. E isso está indicado em todo o contexto histórico que apresentamos até aqui.

a análise do design gráfico como objeto de estudo do desdobramento histórico do Modernismo traz também, de saída, uma conclusão singular, ausente da historiografia do design e da própria bibliografia crítica do Modernismo:

a de que o design gráfico tem sua gênese na própria experiência modernista, e que ele não existia antes dela. Tal constatação põe por terra uma categoria muito utilizada pelos estudiosos da área: a de um design gráfico moderno. (Villas-Boas, 1998, p. 14)

Oven (2016) defende que o design da informação precisa buscar, mais que uma direção, uma missão; as crises atuais exigem que nos perguntemos de novo o que é design, pois o pensamento do design morre no exercício da profissão, e "tudo se torna raso", segundo o autor. De fato, a incoerência entre a teoria e a prática do design realmente tem sido agravada desde os anos 1980, mas será que precisamos realmente nos perguntar o que é o design e qual sua missão na sociedade? Por que debater tudo isso novamente e formular novas soluções se temos um leque de metodologias já qualificadas por intensas críticas e testadas ao longo de tantos anos?

> Não são determinados esquemas de cores e fontes, proporções e diagramas, e muito menos encantações como "a forma segue a função", que resolverão os imensos desafios do mundo complexo em que estamos inseridos. Seria cômico sugerir, ao projetar um eletrodoméstico, que despojá-lo de ornamento é mais importante do que minimizar seu impacto ambiental. (Cardoso, 2014, p. 21)

A septuagenária crítica ao formalismo, apresentada por Cardoso (2014) como se fosse uma rebeldia muito nova, também é uma dessas encantações que paralisam o fluxo das metodologias teóricas do design para a prática. Se o mundo complexo das informações carece de ordem, qual é o terreno mais fecundo para encontrar metodologias senão aquele do paradigma moderno?

> É inegável que o ânimo para o reencontro de um arcabouço comum no qual a essência do pensamento visual se organiza e encontra-se, basicamente, existe. Os fundamentos da comunicação visual, pilares direcionados às restrições da percepção visual humana, e a sua lógica na disposição das informações, afetam a qualidade do gráfico final. (Lima; Gomes, 2019, p. 3)

O design nasceu justamente no contexto do ensino, em escolas como a Bauhaus e a Ulm, para, depois, transformar-se em prática. Claramente, isso configura um processo inverso ao de várias áreas do conhecimento. Por isso, debates eram tão aquecidos; na verdade, eram o vívido confronto da idealização contra a experiência empírica.

De um lado e de outro, várias regras foram formuladas e depois quebradas, formando-se outra regra, e assim por diante. Esse confuso debate era equilibrado pela inteligência de sua formulação e pela utilidade prática de decidir entre uma metodologia ou outra, quase todas com premissas contaminadas por ideias dogmáticas.

Vimos que a globalização e a informatização da sociedade abalaram profundamente esses debates, descaracterizando-os e fazendo-os migrar para áreas diferentes ou, simplesmente, ser ignorados.

No Capítulo 1, arranhamos a superfície dos problemas que o *big data* reserva para a humanidade e desviamos o olhar do design da informação para a questão da forma. Aqui, vale esclarecer que a palavra *desvio* é usada como algo diferente de *condução*, porque percorrer os caminhos mais frequentes propostos pela literatura nos paralisaria em debates muito sofisticados ou, pior ainda, avançaríamos nossos estudos com base em premissas muito superficiais.

O design da informação pode e deve colocar-se no centro desses problemas, sem que seja preciso rediscutir a funcionalidade dos artefatos e protestar contra a opressão de uma pseudo-objetividade de adotar metodologias que podem não ser universais, mas representam um conjunto consensual, testado e observado na natureza.

> O fato de que as cores da flor evoluíram para atrair insetos para sua polinização é interessante; isso significa que os insetos podem ver a cor. E isso leva também a uma pergunta: Esse senso estético existe em outras formas inferiores? O que é estética? Todos os tipos de questões interessantes que o conhecimento científico acrescenta à excitação, ao mistério e ao espanto de uma flor. Só acrescenta. Não entendo como subtrai. (Feynman, citado por Popova, 2013, tradução nossa)

Observe que Feynman descreve de forma belíssima uma curiosa situação de apreciação estética, mas também de uso compartilhado por um ser humano, um inseto e uma flor. Observe que o inseto usa a flor ao mesmo tempo em que ele tem a função prática de polinizá-la, uma função que se exercita por meio de um aspecto estético, tão bem selecionado pela natureza que logra êxito em deslumbrar diferentes seres vivos.

É sabido que as flores e muitos outros seres vivos tendem a uma forma que remete aos princípios euclidianos, à lei áurea, à sequência Fibonacci (ver Figura 2.9) e a vários outros modelos de descrição da realidade, apropriados por artistas, arquitetos e designers para compor suas obras e, mais tarde, fazer parte do conjunto de axiomas modernos sobre como diagramar uma página, por exemplo.

Figura 2.9 – **Representação do padrão Fibonacci em uma flor**

Claro que não precisamos cometer os mesmos erros do passado e supor que existem soluções universais, uma vez que a pluralidade das culturas humanas não pode ser reduzida a leis homogêneas.

A experiência humana não pode ser reduzida ao comportamento de uma abelha. Por outro lado, tampouco precisamos ser exageradamente reativos a essas ideias, simplesmente nos apegando a dicotomias que separam objetos naturais de um lado e objetos artificiais de outro. A linguagem, de fato, é uma construção humana, mas isso não significa que ela não faça parte da natureza, e fazer parte da natureza não significa despojar-se de subjetividade. A descrição de um objeto/fenômeno sempre será um modelo de observação, mas não o objeto em si. A informação é algo artificial e, portanto, um produto da cultura em que se origina; mas pode ser tomada como objeto natural quando também é movida por processos biológicos (a visão, por exemplo), decodificada por meio de modelos matemáticos (com a investigação de padrões) e explicada com base em circunstancias históricas (partindo de aspectos semiológicos). Desse modo, podemos afirmar: sim, há muito que ensinar e aprender em matéria de design da informação, tanto com ferramentas de análise quanto pelo uso de ferramentas projetuais.

A primeira coisa que alguém aprende a respeito de tipografia e design de tipos é que existem muitas regras e máximas. A segunda é que essas regras são estabelecidas para serem quebradas. E a terceira é que "quebrar as regras" foi exatamente mais uma das regras. Ainda que as regras sejam estabelecidas para serem desrespeitadas, escrupulosamente observadas, mal-entendidas, reavaliadas, readequadas e subvertidas, a melhor regra básica é a de que as regras nunca devem ser ignoradas. (Keedy, citado por Gruszynski, 1999, p. 11)

Vamos seguir nos próximos capítulos tomando o design da informação com base nos seguintes aspectos:

- informação como artefato estético;
- informação como artefato linguístico;
- informação como artefato projetado.

O modernismo buscou a neutralidade da informação por meio do manejo dos aspectos fundamentais da forma, a fim de fornecer parâmetros objetivos, acessíveis para toda a sociedade; ao passo que o pós-modernismo buscou expressar o significado das informações pela produção de sentido das mensagens, da incorporação de símbolos linguísticos, evidenciando a agência autoral do designer.

Contudo, o design da informação precisa das duas abordagens em interação. Para dar forma prática a essa agenda, é preciso revitalizar as discussões do modernismo e reconhecer que o design da informação tem um grande passado e que ele não pode ser ignorado no presente.

DESAFIO PRÁTICO

1. Uma das maneiras mais eficazes de visualizar a informação que percorre um período histórico é a linha do tempo. Colete os dados principais do texto e os organize linearmente, incluindo imagens que você julgar adequadas a cada período. Atenção: não precisa ser uma linha reta (lembre-se de que os relógios tradicionalmente descrevem linhas circulares), tampouco é necessário ser em ordem cronológica, mas assegure-se de que ela contenha a maior quantidade de dados possível em um arranjo organizado e compacto. A técnica é livre.

INFORMAÇÃO COMO ARTEFATO ESTÉTICO I

Antes de começarmos a tratar de elementos abstratos como pontos ou linhas retas, devemos passar por explicações que, muitas vezes, são adiadas ou nem mesmo feitas a respeito do belo. Quem busca categorizações universais e objetivas sobre as coisas humanas deve saber que o que agrada aos olhos é chamado de *colírio*. O historiador italiano Umberto Eco (2004, p. 9), com a erudição que lhe é própria, aborda o assunto com bastante inteligência, fazendo uma análise histórica ampla, que, já em sua introdução, fornece uma pista do que nos faz atribuir beleza a algo:

"Belo" – junto com "gracioso", "bonito" ou "sublime", "maravilhoso", "soberbo" ou expressões similares – é um adjetivo que usamos frequentemente para indicar algo que nos agrada. Parece que, nesse sentido, aquilo que é belo é igual àquilo que é bom e, de fato, em diversas épocas históricas criou-se um laço entre o Belo e o Bom.

Imagens são polissêmicas, a sensação de satisfação ao ver uma coisa ou outra integra uma experiência complexa da mente humana, o que demonstra que a função estética das coisas não pode ser determinada sem uma tentativa de comentar o que é considerado estética.

Em *Symbols and Civilizalion*, Ralph Ross só fala de "arte" quando observa que esta "produz uma experiência do tipo que chamamos de estética, uma experiência pela qual quase todos passamos quando nos encontramos diante do belo e que resulta numa profunda satisfação. O que há séculos vem deixando os filósofos intrigados é exatamente por que sentimos essa satisfação, mas parece claro que ela depende, de alguma forma, das qualidades e da organização de uma obra de arte com seus significados incluídos, e não apenas dos significados considerados isoladamente. (Dondis, 1997, p. 67)

A palavra *estética* deriva do grego *aisthesis*, que significa a expressão humana de sentir a si mesmo e o mundo em volta de uma maneira integrada; inspirar ou conduzir o mundo para dentro. Seu significado é oposto ao de *anaesthesia*, que designa justamente a perda da sensação e dos sentidos, rompendo a percepção de integridade (Suenaga et al., 2012).

A estética é uma experiência complexa e com grande amplitude, sendo, portanto, um assunto sobre o qual não se recomenda discutir brevemente. Assim sendo, para que possamos seguir com celeridade em direção à análise de nosso objeto de estudo, tomemos esse tema por seu inverso: Quais experiências podem causar o inverso da sensação do belo? Adotando, claro, o juízo de que o belo seja algo bom.

O termo grego *anaesthesia* descreve uma situação existencial metafórica, mas é curioso notar que alguns distúrbios cerebrais, como a agnosia visual, manifestam essa desconexão com o mundo de uma maneira muito literal. Um dos casos mais famosos é o do homem que confundiu sua mulher com o chapéu, descrito pelo neurologista britânico Oliver Sacks (2016, p. 11-12):

> Ele continuou a olhar para baixo, embora não para o sapato, com uma concentração intensa, mas mal dirigida. Por fim, seu olhar parou sobre seu pé. "Esse é meu sapato, não?".
>
> Eu teria ouvido mal? Ele teria visto mal?
>
> "Meus olhos", ele explicou, levando a mão ao pé. "*Este* é meu sapato, não é?".
>
> "Não, não é. Esse é seu pé. O sapato está *ali*."
>
> "Ah! pensei que aquele fosse meu pé".
>
> [...]
>
> Havia um esboço de sorriso em seu rosto. Ele também parecia ter decidido que o exame terminara, e começou a olhar em volta à procura de seu chapéu.

Estendeu a mão e agarrou a cabeça de sua mulher, tentou erguê-la e tirá-la para pôr em sua cabeça. Parecia que ele tinha confundido sua mulher com um chapéu!

Poderíamos recorrer ao dicionário e investigar o antônimo de *belo*, em que constaria, entre uma lista de termos, o vocábulo *feio*. No entanto, existem algumas razões práticas que nos recomendam não investigar o que é feio, pois isso igualmente nos levaria a uma digressão maior do que nosso estudo demanda; além do mais, baseando-nos no significado de *anaesthesia* é possível supor que a experiência estética malsucedida não é algo classificável como *feio*, mas, sim, como *estranho* ou, talvez mais precisamente, *incompreensível*.

Dessa maneira, podemos manter nossa linha de pensamento nas necessidades do design da informação e estabelecer uma ponte argumentativa quando chegarmos à parte em que assumiremos que a informação é linguagem.

Com essa abordagem, conectamo-nos mais imediatamente com os problemas que pertencem ao design da informação – inteligibilidade, função, conforto, satisfação e compreensão; também podemos manejar, com segurança, o **conceito de estética**, sem negar sua inequívoca **subjetividade** e **polissemia**, usando uma redução premeditada de nossa visão com base em certos fenômenos, por assim dizer, naturais da percepção visual.

Feitas essas advertências, podemos afirmar: existem objetos e imagens que causam uma automática rejeição, que produzem um desconforto de maneira mais ou menos generalizável, independentemente da idade, da cultura ou da proveniência étnica do observador. A maioria deles têm a ver com rostos humanos.

Em 1980, o professor Peter Thompson conduziu um experimento de percepção visual muito simples: ele usou uma foto da ex-primeira--ministra do Reino Unido, Margareth Thatcher, para apresentá-la em duas cópias, uma delas com uma alteração bastante importante: os olhos e a boca foram recortados do rosto e colocados de cabeça para baixo (Figura 3.1). Em seguida, ele colocou ambas as fotos de cabeça para baixo e apresentou a um grupo de observadores (Thompson, 1980).

Figura 3.1 – **Primeira exposição de Thompson**

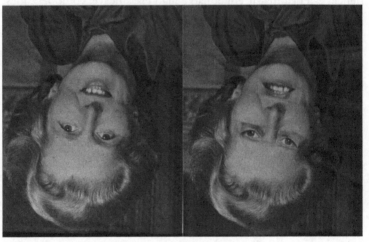

Thompson, P. (1980) Margaret Thatcher: a new illusion. Perception **9** 383-384.

Por incrível que pareça, a maioria dos observadores não notou nada de errado, e aqueles que notaram não pareciam identificar uma grande diferença entre as fotos. Pelo menos, não até colocarem as fotos no sentido correto (Figura 3.2).

Figura 3.2 – **Segunda exposição de Thompson**

Thompson, P. (1980) Margaret Thatcher: a new illusion. Perception **9** 383-384.

Não é a feiura, mas a falta de sentido da fotografia que pode causar sensações apavorantes, não só a humanos, mas também a macacos Rhesus, que se afligem com a imagem desordenada (Adachi; Chou; Hampton, 2009).

Os primatas não sentiram tamanho incômodo na desordem de padrões minerais, ou mesmo de um ser vivo macroscópico mais inexpressivo, como um peixe. Isso pode ser explicado pelo fato de que a percepção visual humana foi moldada evolutivamente para o reconhecimento de rostos, seja para diferenciar uma pessoa da outra, seja para desenvolver atividades ainda mais complexas, como distinguir um sorriso verdadeiro de um sorriso falso com base em padrões diminutos e inconscientes. Como consequência, nosso consciente acessa com dificuldade a natureza desses padrões, estreitamente integrados.

É muito fácil, por exemplo, que um filho reconheça o rosto de sua mãe, mas descrevê-lo em palavras, na forma de um retrato falado, pode exigir um considerável esforço, que nem todos são capazes de desempenhar. E mesmo tentando superar as dificuldades da linguagem falada para recorrer ao desenho, essa tarefa continua bastante difícil, sendo reservada a pessoas que investiram muito tempo e esforço para aprender técnicas de representação de um rosto. Não seria imprudente afirmar que as faces humanas são as imagens que estimulam nossas habilidades mais sofisticadas, ao mesmo tempo que interagem com processos inconscientes mais primitivos, apartados de influências culturais ou de contaminações linguísticas.

Agora que reduzimos nossa abordagem a um único objeto, a imagem do rosto, e atribuímos a desordem de padrões como causa principal daquilo que se considera *feio*, já podemos inverter nossa abordagem e discutir aspectos do belo com base nessas premissas.

Dividir uma linha pelo coeficiente aproximado de 8:13 significa que a relação entre o maior e o menor segmento é a mesma que entre o maior segmento e a linha toda. Os objetos com essas proporções são agradáveis aos olhos e com frequência são encontrados no mundo natural. Isso ocorre, por exemplo, nos padrões das pétalas de flores, na construção de colmeias e na forma de determinadas conchas. Esse valor também é extremamente valorizado na arte. (Ambrose; Harris, 2012, p. 24)

Segundo Tirgoala (2015), a primeira referência de cânone estético para um rosto bem-configurado vem dos tratados do arquiteto latino Marco Polio Vitruvius (81 a.C.-15 a.C.), ou, como é mais conhecido, Vitrúvio, que dividia o rosto em três partes: (1) da base do queixo à base do nariz, (2) do nariz até o meio das sobrancelhas, (3) do meio das sobrancelhas até o fim da testa.

Esse cânone foi amplamente usado e adaptado no Renascimento, notadamente por Leonardo da Vinci (1452-1519), com as ilustrações *De divina proportione* (*Divina proporção*), e Albrecht Dürer (1471-1528), que escreveu a obra *Vier Bucher von Menschlichen Proportion* (*Quatro livros sobre a proporção humana*), de 1528. Os autores tinham algumas diferenças, mas ambos defendiam a matemática como uma forma de representação do ideal estético do ser humano (Kimberly, 2010).

Essa visão estética da matemática não se aplicava apenas ao rosto humano, mas a uma parte fundamental do trabalho desses artistas[1] e de Piero della Francesca (1412-1492), escritor dos tratados que serviram de manuais para a representação da perspectiva que se tornou o padrão da época (Livio, 2008).

---

1 "Esta fusão entre arte e matemática chega ao auge em seu *Trattato della pittura* (*Tratado sobre pintura*; organizado por Francesco Melzi, que herdou os manuscritos de Leonardo), que começa com uma admoestação: 'Que nenhum não matemático leia meus trabalhos'" (Livio, 2008, p. 160).

Tal apreciação estética fazia parte do espírito geral do Renascimento, mas o caso desses três artistas realmente chama a atenção pelas contribuições matemáticas feitas à época. A influência de Vitrúvio sobre o trabalho de Leonardo da Vinci talvez seja a mais lembrada, pois foi Da Vinci quem fez a representação mais famosa do cânone Vitruviano.

Segundo Vitruvius: "...no corpo humano, o ponto central naturalmente é o umbigo. Porque se um homem for colocado deitado de costas, com as mãos e os pés estendidos e um compasso for centrado no seu umbigo, os dedos de suas mãos e de seus pés irão tocar a circunferência do círculo descrito a partir desse ponto. E assim como o corpo humano produz um contorno circular, uma figura quadrada também pode ser encontrada a partir dele. Pois se medirmos a distância das solas dos pés até o topo da cabeça e depois aplicarmos essa medida aos braços esticados, veremos que a largura será a mesma que a altura, como no caso de superfícies planas que são perfeitamente quadradas". Esta passagem foi considerada pelos estudiosos renascentistas mais uma demonstração da ligação entre a base orgânica e a geométrica da beleza, e isto levou ao conceito do "homem vitruviano", lindamente desenhado por Leonardo. (Livio, 2008, p. 157)

Frequentemente, a imagem representada na Figura 3.3, de autoria de Leonardo da Vinci, é utilizada para explicar as relações do corpo humano e seu centro de gravidade com as figuras do círculo, do quadrado e do pentagrama.

Figura 3.3 – **O homem vitruviano, de Leonardo da Vinci: suas mãos e pés assinalam quatro pontas de um pentagrama**

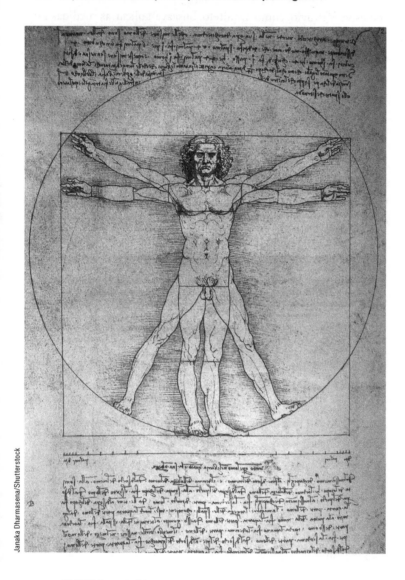

DA VINCI, Leonardo. **O homem vitruviano.** c. 1492. Lápis e tinta sobre papel, 34 cm × 24 cm. Gallerie dell'Accademia, Veneza, Itália.

Tanto a representação dos espaços quanto as representações do rosto e do corpo humano completo apresentavam uma lógica comum. Inclusive Vitrúvio, como arquiteto, buscava aplicar as medidas humanas na construção de edifícios, templos e grandes estruturas, que, segundo ele, deveriam ter a forma e a proporção baseadas em um corpo humano proporcional, para que houvesse harmonia perfeita entre o todo e suas partes (Kimberly, 2010).

Saltando alguns séculos à frente, podemos encontrar uma ideia muito parecida na obra do arquiteto modernista Charles-Edouard Jeanneret-Gris (1887-1965), mais conhecido pelo pseudônimo Le Corbusier. O suíço também procurava estabelecer uma relação entre as medidas do corpo e as medidas do edifício, com a diferença de seu pretexto não ser imediatamente estético, mas funcional; afinal, uma construção arquitetônica deve abrigar o humano, o qual, por sua vez, deve ser a referência para qualquer outra medida de construção. Le Corbusier nomeou essa relação de *el modulor*. Ao longo de toda a sua obra, aparece um apaixonado depoimento sobre como a matemática é a origem da beleza de todas as coisas, e o homem, a medida[2].

Na Antiguidade, a ideia de *tudo é número* orientou profundamente a escola fundada por Pitágoras (c. 569 a.C.-495 a.C.). Esse pensador clássico demonstrou como as notas musicais eram formadas pela distância entre as cordas de uma harpa e como o céu estrelado movia-se por caminhos geométricos – a famosa *música das esferas*, termo que seria revitalizado posteriormente por Johannes Kepler (1571-1630).

---

2 "Mais que esses trinta anos passados, a seiva da matemática fluiu através das veias de meu trabalho, seja como arquiteto, seja como pintor, pois a música está sempre presente dentro de mim. [...] A busca de Le Corbusier por uma proporção padronizada culminou na introdução de um novo sistema proporcional chamado 'Modular'" (Livio, 2008, p. 197).

Menos que uma escola, os pitagóricos pareciam aderir a um tipo de religião baseada em numerologia, inclusive tendo o pentagrama como emblema. Para eles, havia números com propriedades estranhas, como saúde ou força, figuras geométricas que representavam os quatro elementos, sem falar em um tipo de pensamento mágico que valorizava demais o número 1 e os números inteiros em geral. Acredita-se que a descoberta da incomensurabilidade e do valor da diagonal do quadrado os motivaram a sacrificar 100 bois e afogar o autor da descoberta no mar.

Não há como saber qual parte dessa história é lenda, mas, ao que consta, o aluno afogado, Hipaso de Metaponto, deparou-se com um problema muito simples: Qual é o valor da diagonal de um quadrado de uma unidade de comprimento? Segundo o teorema de Pitágoras, é $\sqrt{2}$. Mas qual era o valor inteiro? Não era 1, porque 1 multiplicado por 1 é igual a 1; não era 2, porque 2 multiplicado por 2 é igual a 4. O valor, necessariamente, era um número fora da racionalidade dos pitagóricos, uma heresia maior do que esse grupo podia suportar.

É um número impossível de ser determinado algebricamente; no máximo, ele pode ser descrito geometricamente, ao transferir com o compasso a medida da diagonal para um ponto, que seria aproximadamente 1,4142135623... um número com infinitas casas decimais, chamado de *número euclidiano*.

Por falar em Euclides e em pentágonos, costuma-se atribuir ao matemático Euclides de Alexandria (século III a.C) o crédito de ter determinado, matematicamente, a construção do icosaedro e do pentágono regular, a figura que formava o famoso emblema dos pitagóricos. Interessante notar que, justo nessa figura, a incomensurabilidade era ainda mais notória do que no caso da diagonal do quadrado. As duas linhas mais curtas combinadas são igualmente iguais à terceira, e a razão dessa linha sempre terá a razão de um número próximo de 1.61803399...; a segunda e a terceira linha combinadas são exatamente iguais à quarta, e o valor de sua razão também é de 1.61803399....

As pontas da estrela pentagonal também descrevem triângulos de razão 1.61803399..., remanescendo outro pentágono, menor que o primeiro, na mesma razão 1.61803399..., que pode formar outro pentagrama com suas diagonais, e assim por diante, dividindo-se infinitamente sempre na proporção de 1.61803399.... Ao contrário dos pitagóricos, Euclides não teve problemas em trabalhar com esse tipo de número.

Todos esses princípios pareceriam muito suspeitos, pois apresentavam uma carga acentuada de arbitrariedades e de antropocentrismo, primeiro por afirmar uma proporção ideal, e, segundo, por indicar que a fórmula estava nos corpos dos seres humanos. Até mesmo as relações matemáticas encontradas no pentágono, por exemplo, parecem, de certa maneira, um tipo de truque, um divertido jogo de coincidências, mais próximo do mundo das ideias do que do mundo real (sem falar no pensamento mágico dos pitagóricos, que, de certa forma, desqualifica a ideia de um mundo reduzido à matemática).

Ocorre que as proporções dos seres humanos, dos edifícios de Vitrúvio, dos desenhos de Da Vinci e das relações entre o pentagrama e o pentágono podem ser encontradas nos elementos mais improváveis da natureza, o que justifica a profunda admiração que Le Corbusier nutria pela matemática, sobretudo pelo estranho 1.61803399....

3.1 A mais irracional de todas as belezas

Na matemática, um número é considerado racional quando pode ser representado na forma de uma fração, na qual o numerador e o denominador sejam números inteiros, sendo o denominador diferente de zero. Em outras palavras, um número racional é todo número que apresenta uma dízima finita (por exemplo, 1,0 ou 1,1) ou uma dízima periódica infinita (por exemplo, 1,11111... ou 1,10101010...). Todos os números que não tenham esses atributos são considerados irracionais (como a raiz de 2 que apavorou os pitagóricos). Um dos mais famosos é o pi (π), a proporção entre o perímetro de uma circunferência e seu diâmetro, que gera uma dízima infinita não periódica de 3,14159....

Tão famoso quanto o π é o misterioso número que já teve vários nomes: *razão extrema e média*, *número divino*, *proporção de ouro*, *phi* (lê-se *fi*), sendo mais conhecido como *secção áurea* (Φ), o mais irracional dos números já conhecidos.

> Lembre-se de que a Razão Áurea é igual a uma fração contínua composta inteiramente de uns. Essa fração contínua converge mais lentamente do que qualquer outra fração contínua. Em outras palavras, a Razão Áurea está mais longe de poder ser expressa como uma fração do que qualquer outro número irracional. (Livio, 2008, p. 134)

Apesar de muitas divergências entre matemáticos e historiadores, é possível afirmar com relativa segurança que a secção áurea foi descrita pela primeira vez pelo matemático Euclides, ao propor uma forma de construção de um pentágono regular[3].

---

3   "A Razão Áurea aparece em *Elementos* em vários lugares. A primeira definição da Razão Áurea ('razão extrema e média') relacionada a áreas é dada de forma um tanto indireta no livro II. Uma segunda e mais clara definição relativa à proporção aparece no livro VI. Euclides então usa a Razão Áurea, especialmente na construção do pentágono (no livro IV) e na construção do icosaedro e do dodecaedro (livro XIII)" (Livio, 2008, p. 96).

As figuras geométricas decompostas a partir dessa razão podem se dividir infinitamente, sempre mantendo a mesma proporção. A figura foi chamada por Ribeiro (1987) de *retângulo dos quadrados giratórios*, e o centro, incomensurável, inacessível e invisível, foi poeticamente denominado pelo matemático Pickover (2009) como *o olho de Deus*.

Figura 3.4 – **As infinitas divisões da espiral dourada**

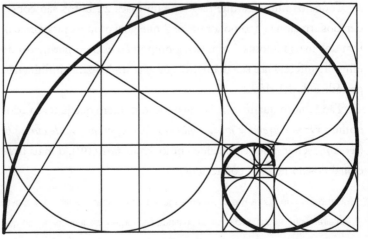

Esses retângulos giratórios descrevem também uma curva logarítmica fartamente encontrada na natureza, nos fenômenos mais diferentes, como os furacões, e no arranjo de estrelas em uma galáxia; nas formas vivas, o exemplo mais conhecido é a concha de náutilo, um dos objetos preferidos para estudar a secção áurea por muitos anos.

A natureza ama espirais logarítmicas. De girassóis, conchas do mar e redemoinhos a furacões e galáxias espirais gigantes, parece que a natureza escolheu esta forma magnífica como seu "ornamento" favorito. O formato constante da espiral logarítmica em todas as escalas de tamanho se revela com beleza na natureza na forma de minúsculos fósseis ou de organismos unicelulares conhecidos como foraminíferas. (Livio, 2008, p. 138)

Figura 3.5 – **Espirais logarítmicas na natureza**

O padrão cumulativo do crescimento das conchas que descrevem uma curva logarítmica reflete a teoria do crescimento perfeito, *Eadem*

mutato resurgo[4], uma teoria afirmativa sobre esse tipo de forma estar na base de todos os processos essenciais da vida (Kimberly, 2010).

Uma bela coincidência a esse respeito pode ser vista na representação da deidade hindu Vishnu (*isnu*, da raiz sânscrita *visva*, *tudo*), uma divindade mitológica que sustenta o universo. Na maioria de suas representações (Figura 3.6), ela segura em sua mão esquerda um náutilo denominado *Pantchdjanya*, que carrega dentro de si todos os elementos fundamentais da criação.

Figura 3.6 – **Estátua de ouro representando Vishnu, com o náutilo na mão esquerda**

4   "A associação de Jacques Bernoulli com a Razão Áurea vem por meio de outra curva famosa. Ele dedicou um tratado intitulado *Spira Mirabilis* (Espiral Maravilhosa) a um tipo particular de forma espiral. Jacques ficou tão impressionado com a beleza da curva conhecida como espiral logarítmica que ele pediu que essa forma e o lema que atribuiu a ela – '*Eadem mutato resurgo*' (embora mudado, ressurjo o mesmo) – fossem gravados em seu túmulo. O lema descreve uma propriedade fundamental exclusiva da espiral logarítmica – ela não altera seu formato à medida que seu tamanho aumenta. Esta característica é conhecida como autossimilaridade" (Livio, 2008, p. 136).

A mesma espiral ainda pode ser encontrada na foraminífera unicelular, no abacaxi e na linha que descreve o voo de um falcão antes de atacar uma presa[5].

Ainda com relação a proporções, as do pentagrama (estrela de cinco pontas adotada como símbolo pelos pitagóricos) também apresentam razões matemáticas e estão presentes na natureza: ao dividir a altura pela base de um dos triângulos da ponta da estrela, chegaremos a uma razão próxima de 1,618; ao cortar uma maçã ao meio (Figura 3.7), vê-se que suas sementes se organizam em forma de pentagrama.

Nesse sentido, não é nenhuma surpresa que as estrelas de cinco pontas sejam encontradas nas bandeiras de 60 países e que, em diferentes contextos e culturas, elas simbolizem excelência, realização e oportunidade[6] (Livio, 2008).

Figura 3.7 – **Pentagrama no corte transversal da maçã**

PIXbank CZ/Shutterstock

[5] "Devido à propriedade equiangular da espiral, esse caminho lhes permite manter seu alvo à vista enquanto maximiza a velocidade" (Livio, 2008, p. 141).

[6] "Com o passar do tempo, essas 'estrelas' se tornaram símbolos de excelência (por exemplo, hotéis, filmes e críticas de livro cinco estrelas), realização ('estrelato'), oportunidade ('alcançou as estrelas') e autoridade (general 'cinco estrelas'). Quando esse simbolismo é combinado com o apelo romântico de uma noite estrelada, não surpreende que as bandeiras de mais de sessenta nações representem estrelas de cinco pontas e que esses padrões de estrelas apareçam em inúmeros logotipos comerciais (por exemplo, Texaco e Chrysler)" (Livio, 2008, p. 55).

Outro exemplo recorrente da razão áurea na natureza pode ser encontrado na disposição das sementes do girassol e da pinha. Elas crescem seguindo duas espirais que se intersectam e irradiam em direções opostas, de forma que haja o melhor aproveitamento do espaço horizontal possível. As espirais da pinha (Figura 3.8) são formadas por um conjunto de 8 espirais em sentido horário e um conjunto de 13 em sentido anti-horário, aproximando-se bastante das proporções da secção áurea (Kimberly, 2010).

Figura 3.8 – **As espirais opostas da pinha**

No caso do girassol (Figura 3.9), há 21 espirais em sentido horário e 34 espirais em sentido anti-horário (Kimberly, 2010). Essa disposição das sementes garante um máximo aproveitamento de espaço lateral, com uma abrangência angular ideal para captar a luz solar de maneira eficiente.

Figura 3.9 – **As espirais do girassol**

Outro exemplo são as folhas que crescem ao longo de um talo ou tronco vegetal, que precisam, em geral, cumprir duas funções: (1) se expor à luz do sol, captando, assim, a energia de que precisam; (2) receber uma parte da umidade do ar e conduzir o excesso de água para as raízes. Como elas crescem ao redor do talo, precisam descrever uma espiral, com uma série que não se repita, pois se uma folha estiver acima da outra, obstruirá tanto a luz quanto a água de baixo.

> Uma das descobertas dos irmãos Bravais, em 1837, foi que novas folhas avançam mais ou menos no mesmo ângulo em volta do círculo, e que este ângulo (conhecido como o ângulo de divergência) em geral é próximo de 137,5 graus. Você ficaria chocado ao saber que esse valor é determinado pela Razão Áurea? O ângulo que divide uma volta completa numa Razão Áurea é 360°/<I> = 222,5 graus. (Livio, 2008, p. 132)

Claro que, ao ver essas imagens e submetê-las a uma medição minimamente rigorosa, não encontraremos formas regulares nem números tão precisos; no máximo, chegaremos a uma aproximação do número áureo. Para os admiradores de Φ, isso só reforça a proporção áurea como um tipo ideal de perfeição, que toda a natureza parece perseguir. A tendência ao número áureo reforçaria sua natureza sublime[7].

Os números 8 e 13, dos conjuntos espirais das pinhas, têm um número próximo da razão áurea, ao passo que os números 21 e 34, no conjunto das espirais dos girassóis, são ainda mais próximos. Esses números são pares adjacentes de uma sequência também muito célebre na história da matemática (Kimberly, 2010).

A sequência que apresenta a sucessão de números inteiros começando por 0 e 1, em que cada número subsequente corresponde à soma dos dois números anteriores (0, 1, 1, 2, 3, 5, 8, 13, 21, 34, 55, 89, 144, 233, 377...) tem uma estreita relação com a secção áurea, já que, ao dividirmos um número dessa sequência por seu antecessor, obtemos:

---

7 "Nas palavras do famoso matemático canadense Coxeter, elas são apenas uma **tendência** fascinantemente predominante" (Livio, 2008, p. 136, grifo do original).

- 1/1 = 1,000000;
- 2/1 = 2,000000;
- 3/2 = 1,500000;
- 5/3 = 1,666666;
- 8/5 = 1,600000;
- 13/8 = 1,625000;
- e assim por diante.

Quanto mais alto o valor desses cálculos, maior a dízima produzida, oscilando imperfeitamente em torno da razão áurea (sendo alternadamente maior e menor). Quanto mais próximo do infinito, mais próxima a sequência estará desse curioso número.

Figura 3.10 – **Quadrados giratórios**

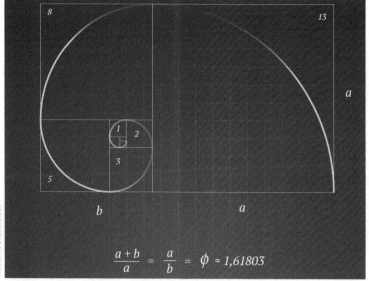

Além dos quadrados giratórios (Figura 3.10), a sequência Fibonacci pode ser encontrada em diversos fenômenos naturais, principalmente os de crescimento, mas também pode ser observada em elementos absolutamente distintos – como em reflexos de raios de luz, no padrão de uma criança subindo uma escada, em árvores genealógicas de zangões e coelhos[8].

Os números de Fibonacci são importantes por sua ligação com o coeficiente 8:13 da seção áurea. Eles também são utilizados como medidas para tamanhos de fonte, posicionamento de bloco de texto e assim por diante devido às suas proporções harmoniosas. (Ambrose; Harris, 2012, p. 25)

O imenso circuito das eras disponibilizou aos organismos vivos o tempo necessário para tomarem as formas mais adequadas ao desempenho de suas atividades; afinal, para prosperar, a vida precisa usar a menor quantidade de energia possível com a maior eficácia, ou seja, precisa ser eficiente.

Dessa forma, tendo sido submetida a testes tão intensos quanto antigos, é razoável afirmar que a forma de um girassol tem o melhor formato possível para esse organismo, isto é, ele atingiu sua estrutura mais bem-sucedida possível. Mas por que isso deveria ser tomado como um fator universal de beleza? É bem verdade que todas essas relações são intrigantes, mas não há nenhuma comprovação concreta de que elas realmente existam e, mais ainda, que representem, de fato, um cânone estético válido e geral.

---

8 "Muitos estudantes de matemática, ciências e artes ouviram falar de Fibonacci somente por causa do seguinte problema do Capítulo XII do *Liber abaci*: Um homem pôs um par de coelhos num lugar cercado por todos os lados por um muro. Quantos pares de coelhos podem ser gerados a partir deste par em um ano se, supostamente, todo mês cada par dá à luz um novo par, que é fértil a partir do segundo mês" (Livio, 2008, p. 116).

Em uma de suas declarações de amor à matemática, Le Corbusier (citado por Müller-Brockmann, 1982, p. 159) fala das construções da Antiguidade e fornece uma possível explicação para tais relações:

Que instrumentos tinham eles? Tinham instrumentos eternos e sempre disponíveis, instrumentos preciosos porque estavam ligados com a figura humana. Estes instrumentos tinham nomes: cúbito, dedo, polegar, pé, palmo, passo etc. E parece evidente o fato de que estas medidas eram também e essencialmente partes do corpo humano e, portanto, aptas desde um princípio como ajuda para medir as cabanas, casas ou templos a construir.

Ora, nisso ele parece ter razão. Quase todas as unidades de medida utilizadas pela geometria durante séculos basearam-se em partes do corpo humano. Talvez essas surpreendentes coincidências sobre as relações entre a geometria e a proporção de coisas vivas seja somente um produto do instrumento (a geometria) para visualizar essas proporções.

Se alguém dissesse que uma casa mede 200 palmos de altura e que, ao dividi-la por um número qualquer, você chegaria à medida de um dedo da mão, essa conclusão causaria algum assombro? E se, na verdade, todas essas conexões entre conchas, sementes de frutas e a vida dos moluscos fossem, na verdade, produto de uma associação semelhante, porém muito mais complicada?

No quinto capítulo do livro *A proporção divina*, o matemático Pacioli enumerou cinco razões para explicitar por que a razão áurea deve ser considerada divina. Tais motivos são assim descritos por Livio (2008, p. 156):

1. "Que ela é uma só e não mais." Pacioli compara o valor único da Razão Áurea com o fato de que a unidade "é o supremo epíteto do próprio Deus».

2. Encontra uma similaridade entre o fato de que a definição da Razão Áurea envolve exatamente três comprimentos [...] e a existência da Santíssima Trindade, do Pai, do Filho e do Espírito Santo.

3. Para Pacioli, a impossibilidade da compreensão de Deus e o fato de a Razão Áurea ser um número irracional são equivalentes. Em suas próprias palavras: "Assim como Deus não pode ser definido adequadamente nem entendido por meio de palavras, nossa proporção também não pode ser designada por números inteligíveis nem pode ser expressa por uma quantidade racional, e sempre permanecerá oculta e secreta, e é chamada de irracional pelos matemáticos".

4. Pacioli compara a onipresença e a invariabilidade de Deus com a autossimilaridade associada à Razão Áurea – de que seu valor é sempre o mesmo e não depende do comprimento da linha sendo dividida ou do tamanho do pentágono no qual quocientes entre os comprimentos são calculados.

5. A quinta razão revela uma visão ainda mais platônica da existência do que a expressa pelo próprio Platão. Pacioli sustenta que, assim como Deus conferiu existência a todo o cosmo através da quinta essência, representado pelo dodecaedro, a Razão Áurea conferiu existência ao dodecaedro, já que não se pode construir o dodecaedro sem a Razão Áurea. Ele acrescenta que é impossível comparar os outros quatro sólidos platônicos (representando terra, água, ar e fogo) entre si sem a Razão Áurea.

Cinco razões, no quinto capítulo, de alguém que certamente estava intoxicado pelo mesmo pensamento mágico dos pitagóricos, que rezavam para figuras de 5 lados. Se houvesse um caminho assim tão luminoso, que decodificasse tantos fenômenos ao mesmo tempo e atingisse os ideais mais universais e intensos de padrões de beleza, o mundo seria muito fácil, e não restaria nenhuma pessoa na Terra que não fosse matemática.

Vinte e seis séculos de história. Por um lado, o mote pitagórico "tudo é número" se materializou espetacularmente no papel que a Razão Áurea representa para os fenômenos naturais, que vão da filotaxia ao formato das galáxias. Por outro, a obsessão pitagórica pelo significado simbólico do pentágono se metamorfoseou no que eu acredito que seja uma falsa noção de que a Razão Áurea nos dá um cânone de beleza ideal. (Livio, 2008, p. 228)

3.2 A utilidade de um delírio

No modelo cosmológico do físico Johannes Kepler (pelo menos um dos primeiros que ele utilizou no intento de descrever as órbitas do sistema solar), basicamente, as distâncias entre cada órbita planetária eram traduzíveis na inscrição dos sólidos de Platão – o tetraedro, o hexaedro, o octaedro, o dodecaedro e o icosaedro. Algumas coincidências geométricas que envolvem a razão áurea e figuras regulares como o triângulo e o pentágono, mesclados com uma profunda convicção religiosa de que a criação era uma obra de um Deus, que utilizava a matemática como sua linguagem, conduziram Kepler a um labirinto de enganos e erros. Foram necessário anos até que ele lograsse descrever o que mais tarde seriam *as leis de Kepler*.

Não é preciso dizer que o modelo cosmológico de Kepler, que era baseado nos sólidos platônicos, não só estava totalmente errado, mas era louco até mesmo para a época de Kepler. A descoberta dos planetas Urano (que vem depois de Saturno em termos da distância crescente do Sol) em 1781 e Netuno (o seguinte após Urano) em 1846 pôs um ponto final numa ideia já moribunda. Mesmo assim, é impossível superestimar a importância desse modelo na história da ciência. Como disse o astrônomo Owen Gingerich no seu artigo biográfico sobre Kepler: "Raramente na história um livro tão errado foi tão fundamental para orientar o curso futuro da ciência". (Livio, 2008, p. 172)

De fato, é realmente interessante que mesmo com as premissas erradas, derivadas de sua fascinação perante a matemática, Kepler tenha chegado a resultados finamente precisos sobre os modelos orbitais do sistema solar. Tudo isso foi marcado por um processo doloroso e demorado no qual ele precisou se desfazer de seu árduo trabalho baseado nas formas que tanto admirava.

Kepler estava procurando uma teoria que pudesse explicar tudo. Ele expressou elegantemente sua nova abordagem da investigação humana: Em toda aquisição de conhecimento ocorre que, começando pelas coisas que causam impacto em nossos sentidos, somos levados pela operação da mente a coisas mais elevadas que não podem ser compreendidas, por mais aguçados que sejam os sentidos. A mesma coisa acontece na área da astronomia, na qual primeiro percebemos com os nossos olhos as várias posições dos planetas em momentos diferentes, e o raciocínio então se impõe sobre essas observações e leva a mente a reconhecer a forma do universo. (Livio, 2008, p. 163)

Recordando do termo grego *aisthesis*, do qual tratamos no início do capítulo, podemos identificar na vida de Kepler um eloquente exemplo da experiência de se conectar com o mundo de forma integrada ou de perceber a beleza. Mentes brilhantes ao longo dos séculos como Vitrúvio, Da Vinci, Dürer (e tantos outros que não foram citados aqui) parecem ter sentido essa mesma harmonia na razão áurea.

Será que, se não fosse universal ou não tivesse um apelo tão natural em todos os seres vivos, a razão áurea descartaria o fato de que ela se tornou bela graças a seus intérpretes? Ou será que as grandes mentes citadas não produziram nada de importante?

No caso de Kepler, é preciso reconhecer, foi por pouco. Não fosse um forte comprometimento com os resultados e as observações, ele poderia ter se perdido nas ilusões de Pitágoras sem alcançar resultado algum. Contudo, não fosse sua paixão por essas premissas, ele não teria seguido tão obstinadamente em busca de respostas. Se ele fosse um artista, poderíamos dizer que Kepler não errou, só teve um feliz acidente[9].

Para um designer da informação, é mais do que importante partir de um princípio, seja qual for, pois a satisfação do usuário depende da satisfação a que o ordenamento dos dados é submetido. Muitas vezes, como o caso do efeito Thatcher demonstrado pelo inverso, as coisas parecem bonitas quando aparentam ter uma coerência interna permeáveis a nosso entendimento. A inteligibilidade e a clareza, e sugere uma ideia de ordem no desenho. "Esta ordem aumenta a credibilidade da informação e desperta confiança" (Müller-Brockmann, 1982, p. 12).

> Pânofsky dá-nos depois [...] a teoria medieval dos sentidos, conforme fora exposta por Aquino: "Os sentidos deleitam-se nas coisas devidamente

---

9 Referência ao artista e apresentador de TV de gosto duvidoso, mas de simpatia indiscutível, Bob Ross, que, em seu programa *The Joy of Painting*, no qual ele ensinava técnicas de pintura, imortalizou a frase *We don't make mistakes, just happy little acidentes*, a qual ele sempre dizia quando um "erro" acabava produzindo um bonito improviso.

proporcionadas como algo afim com eles próprios; porque o sentido também é uma espécie de razão como é todo poder ou faculdade cognitiva". (McLuhan, 1972, p. 138)

Dominar os princípios básicos da geometria disponibiliza ao designer os instrumentos para produzir coerência e harmonia em projetos com elementos integrados a um todo, subordinados a um **senso de adequação visual**. Esquemas e proporções não somente conferem ao artefato um sentido e uma coerência interna, mas também direcionam a intenção e a autoria do designer, que sendo um autor, jamais pode ser neutro (Kimberly, 2010).

Partir de um princípio sempre é melhor do que não ter um princípio em que se fundamentar. Considerar que a geometria limita a criatividade se assemelha a crer que as linhas no campo limitam o jogo de futebol.

No caso da proporção áurea, não é necessário argumentar exacerbadamente, pois tem muito a oferecer, uma vez que oferta princípios úteis à divisão de espaços e à criação de um tipo de coerência visual rigorosa, disponibilizando, literalmente, infinitas divisões estreitamente relacionadas entre si. Contudo, partir de um princípio não significa ser fiel a ele; pelo contrário, o designer deve usar as ferramentas, prescindir delas ou adaptá-las sempre que considerar adequado, usando-as conforme seu propósito.

Uma adaptação óbvia de abordagem é o de não adotar números mágicos, porque, em um mundo de centímetros, pontos, cíceros e *pixels*, dimensionados em jornais, monitores e celulares, é absolutamente desaconselhável buscar números ou padrões fixos para os projetos.

É justamente aqui que sublinhamos a palavra *proporção*. As medidas físicas não têm tanta importância quanto a relação das partes com o todo, sem necessariamente precisar determinar as medidas exatas dos posicionamentos de cada elemento em uma página (Ambrose; Harris, 2012).

Ao sairmos desse mundo espiritual dos números, podemos, então, organizar a informação com pontos, linhas, formas e *grids* no próximo capítulo.

Capí- tulo 4

INFORMAÇÃO COMO ARTEFATO ESTÉTICO II

Como relatamos nos capítulos anteriores, os fatores prevalecentes para que a informação seja visualmente bem-apreciada têm a ver com a organização das partes e do todo, e da integração geral da composição. Segundo Ribeiro (1987, p. 159),

Até agora, toda manifestação artística tem tido, em maior ou menor grau, seus fundamentos em estruturas geométricas. Os traçados reguladores, baseados em cálculos, constituem os recursos para toda configuração racional, proporcionando equilíbrio e harmonia a toda obra plástica.

Os dados são distribuídos em um espaço que, por sua vez, é subdividido em espaços menores, tornando o conjunto informativo. Em outras palavras, a apresentação da informação é tão eficaz quanto sua composição for harmônica. Essa integração pode ser realizada por meio de um número que seria mágico (ver Capítulo 3), mas é recomendável usar relações proporcionais entre a altura e a base e as partes e o todo ou com a abordagem que for mais adequada para o suporte projetado (impresso, luminoso, tátil etc.).

Dessa maneira, pode-se alcançar os mesmos resultados nos mais diferentes formatos, sem precisar ser fiel a um número incompatível com uma unidade de medida. Por mais que o número Φ tenha algum encanto, lamento dizer que a medida de 1.61803399 *pixels*, por exemplo, não existe.

Um exemplo interessante da independência dos números para criar proporções é o cânone estético descrito pelo designer e tipógrafo modernista Jan Tschichold (1902-1974). Esse modelo bastante presente na diagramação de páginas foi pensado como o método para produzir o livro perfeito. Mesmo tendo sido utilizado antes da imprensa ou da tipografia pelos escribas, na Idade Média, sua invenção é frequentemente atribuída a Tschichold.

Esse layout clássico, criado pelo tipógrafo alemão Jan Tschichold [...], baseia--se em um formato de página com proporções de 2:3. A simplicidade dessa página é criada pelas relações espaciais que "contêm" o bloco de texto em proporções harmoniosas. Outro fator importante sobre esse grid é que ele depende de proporções em vez de medidas. (Ambrose; Harris, 2012, p. 28)

Esse método também costuma ter sua autoria endereçada a Villard de Honnecourt (1200-1250) e a Raúl Mario Rosarivo (1903-1966). A despeito disso, por enquanto, deixaremos a questão da autoria de lado para exemplificá-lo utilizando unidades de medida fixas, como a de um polegar (não confundir com polegada), que poderia ser usada por um monge para fazer uma cópia manual de uma bíblia, por exemplo. Assim, podemos explicar a distribuição da seguinte maneira: em uma página que tenha 9 polegares de largura e 9 polegares (sem rotacionar a medida do polegar) de altura, o bloco de texto deve ficar com 2 polegares de distância da base, 2 polegares de distância da margem lateral e 2 polegares de distância do outro bloco de texto. Com essas medidas, o calígrafo ou o copista pode escrever um livro completo, com uma coerência visual repetida da primeira à última página.

Para uma atividade artesanal, a aplicação parece fácil, mas com a mecanização da produção de livros, esse tipo de medição, se realizado dessa maneira, tornou-se inviável. Contudo, as páginas impressas por Gutemberg[1] continuaram a reproduzir a mesma proporção.

---

1 "É a Gutenberg, Johann Gensfleish (1397-1468), nascido na cidade de Móguncia (Alemanha), que a história atribui o mérito principal da invenção da imprensa, não só pela ideia dos tipos móveis – 'a tipografia', mas também pelo aperfeiçoamento da prensa (que já era conhecida e utilizada para cunhar moedas, espremer uvas, fazer impressões em tecido e acetinar o papel). E este terá sido um marco fundamental que alicerçou e tornou possível a progressiva divulgação do conhecimento, até a sua massificação atual" (Gaspar, 2009, p. 1).

Por sua vez, o matemático Van der Graff descobriu o esqueleto dessa composição, realizando um exaustivo estudo das páginas da Bíblia de Gutemberg. Sua descrição demonstrava que era relativamente fácil chegar a essas medidas sem medir a página, apenas realizando uma série de divisões geométricas nela.

Nas imagens a seguir, podemos verificar o esquema de construção em cinco etapas:

1. Primeiro, encontra-se o centro da página traçando suas diagonais (Figura 4.1).

Figura 4.1 – **Etapa 1**

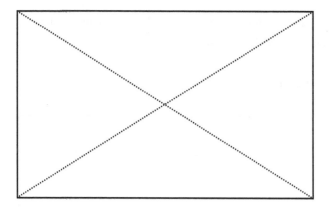

2. Depois, traçam-se duas linhas da origem das diagonais até o centro superior da página. Ao fazer isso, encontra-se a intersecção ilustrada na Figura 4.2.

Figura 4.2 – **Etapa 2**

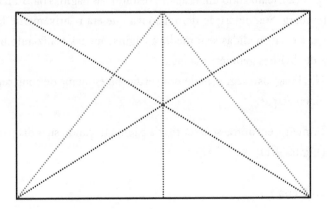

3. Partindo da intersecção encontrada, traça-se uma linha até o topo da página (Figura 4.3).

Figura 4.3 – **Etapa 3**

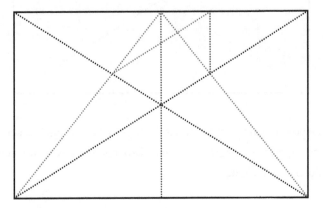

4. Em seguida, na intersecção, traça-se uma linha ligando a página espelhada (Figura 4.4).

Figura 4.4 – **Etapa 4**

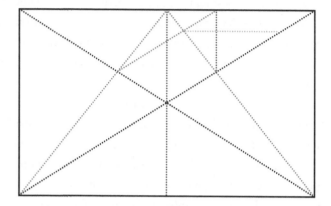

5. Com isso, encontra-se exatamente a proporção utilizada pelos calígrafos da Idade Média e pelos impressores da época de Gutemberg (Figura 4.5).

Figura 4.5 – **Etapa 5**

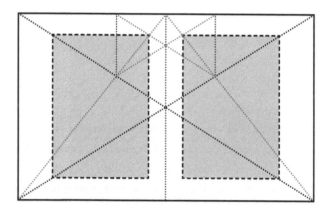

Sem usar nenhum número ou figura geométrica, é possível chegar a essa divisão e, até mesmo, transferi-la[2] para diferentes tamanhos e formatos (assim, é viável fazer a mesma distribuição da informação em um *outdoor*, em um celular ou em qualquer outro artefato, mantendo uma coerência visual entre todos eles). Isso, aliás, é uma forma de manter um padrão multimídia para a indústria gráfica e a audiovisual, especialmente no cinema e na animação (ver Figuras 4.6 e 4.7).

A compreensão das relações proporcionais permite considerar o conjunto de informações não como uma forma, mas como um formato. Esse conceito é poderoso, pois possibilita ao designer sair das discussões formalistas, prescindir de conhecimentos matemáticos avançados e, ainda, projetar a informação em qualquer mídia.

Na Figura 4.6, podemos ver a análise visual de alguns *frames* do filme *Interestelar*[3] que indicam que a direção tinha uma preocupação especial em organizar a informação por meio da famosa regra dos terços[4] (Mattos, 2014).

---

2   "Existe uma série de características que podem ser transferidas do design gráfico tradicional para o design de embalagens. A cor, a hierarquia, o espaço onde revelamos a informação, a legibilidade e até a desconstrução são elementos que podem ser utilizados no desenvolvimento do design de embalagens" (Ambrose; Harris, 2012, p. 184).

3   INTERESTELAR. Direção: Christopher Nolan. EUA: Warner Bros, 2014. 169 min.

4   A regra dos terços é um cânone estético no qual os pontos de intersecções produzidos por linhas que dividem vertical e horizontalmente uma imagem em três são os pontos em que o espectador investe mais atenção.

Figura 4.6 – **Hierarquia da atenção no filme *Interestelar***

Fonte: Mattos, 2014.

INTERESTELAR. Direção: Christopher Nolan. EUA: Warner Bros, 2014. 169 min.

O personagem em segundo plano ocupa dois terços horizontalmente à direita, com a linha de seus olhos coincidindo com uma das divisões; ao passo que o outro está em primeiro plano, porém ocupando apenas um terço na última divisão horizontal, da direita para esquerda (Mattos, 2014).

Na cena da Figura 4.7, as divisões dos terços são feitas duas vezes, posicionando os personagens em pontos estratégicos para que possam ser acompanhados com mais atenção (Mattos, 2014).

Figura 4.7 – **Concentrando a atenção**

Fonte: Mattos, 2014.

INTERESTELAR. Direção: Christopher Nolan. EUA: Warner Bros, 2014. 169 min.

Apesar de haver palavras em português com suficiente capacidade de nomear esse sistema (*diagramas, grades*), convencionou-se o uso da nomenclatura anglo-saxã *grids*[5]. Como eles são feitos e como funcionam, é algo que pode ser visto com mais atenção em algumas obras de interesse, que analisam artefatos, buscando pontos, linhas e formas que totalizam sua estrutura[6].

Tendo aqui o propósito de introduzir o design da informação de forma prática, não é interessante fazer uma engenharia reversa de artefatos gráficos. Apesar disso, convém explicar algumas noções

---

5   "Alguns livros de Desenho Técnico, já com lições voltadas à instrução da representação de ideias através da gráfica-computacional, ainda apresentam expressões genuinamente luso-brasileiras como, por exemplo, 'malha cartesiana' [...]. Contudo, seguindo a corrente de enxurrada de anglicismos introduzidos nas atividades das indústrias criativas relacionadas ao Design – este, aqui, compreendido como forte componente da economia das Indústrias Criativas–qualquer professor de projeto de produto haveria de se sentir mais confortável e confiante na sua comunicação com alunos e colegas de ofício, se usar o termo 'grid'" (Lima; Gomes, 2020, p. 1).

6   Recomendamos começar por:
    MÜLLER-BROCKMANN, J. **Sistemas de retículas, sistema de grelhas**: um manual para designers gráficos. Tradução de Paulo Heitlinger. Barcelona: Ed. Gustavo Gili, 1982.
    SAMARA, T. **Grid**: construção e desconstrução. Tradução de Denise Bottmann. São Paulo: Cosac Naify, 2007.
    É bom advertir que essas obras são de interesse e não de referência, pois elas não apresentam soluções que possam ser aplicadas a várias situações, apesar de os autores sugerirem isso em muitas passagens.

primitivas[7] da geometria, adaptando suas definições, de maneira que possamos levar em consideração suas funções em um contexto de design da informação. Sobre isso, Ambrose e Harris (2012, p. 140) ensinam que:

> Dividir o espaço entre os diversos elementos de um projeto permite ao designer tratá-lo como uma série de módulos integrados – e não como um elemento único. As partes podem ser tratadas individual ou coletivamente. Orientação, Divisão da página, Estrutura/não estrutura existem muitos elementos e métodos que facilitam essa divisão. A divisão pode ser física, utilizando a engenharia do papel, pode ser reforçada pelo uso de um grid, uma linha divisória, ou pode ser estabelecida utilizando blocos coloridos. A página também pode ser dividida em frames, margens tipo "*passe partout*"[8] ou espaços em branco.

Portanto, uma estrutura unificada define-se pelas partes que a produzem. Saber o que cada parte é e para que serve é um meio de compreender o que realmente importa: como essas partes se relacionam.

4.1 Ponto

Segundo a noção primitiva, *ponto* é aquilo que não apresenta forma, dimensão ou outra característica interna que não seja sua localização, a qual pode ser determinada por um conjunto de coordenadas em um gráfico.

---

7 *Noções primitivas* são premissas fundamentais que não derivam de nenhuma outra premissa. São frequentemente usadas em geometria e matemática pura.

8 Em tradução livre, *a moldura* ou *o porta-retratos*, mas, historicamente, indica um tipo de borda mais ativa do que uma margem normal.

Sua representação gráfica pode ser feita pela intersecção de duas ou mais linhas ou, como ocorre geralmente, por um círculo ou menor mancha possível que se possa fazer em um suporte (um toque da ponta da caneta no papel, por exemplo). É a menor superfície material visível a olho nu (Frutiger, 2001).

Dondis (1997) afirma que, sendo a unidade de comunicação visual mais irredutível, o ponto precisa sempre estar associado a outro elemento ou a ele mesmo para que faça sentido (lembremo-nos, ele não existe de verdade). Ele parece provocar nos seres humanos uma vontade de colocá-lo em movimento, transformando-o em algo diferente.

Essa necessidade motivou as primeiras sociedades a ligarem estrelas com linhas imaginárias para mapear o céu noturno, além de avaliar as distâncias mais curtas entre um ponto e outro (Frutiger, 2001).

O ponto, por ser mais um lugar do que um objeto, também pode ser utilizado como entrada de leitura, e todos os artefatos gráficos devem tê-lo, pois é fundamental para orientar a leitura do material em uma ordem projetada (Ambrose; Harris, 2012).

4.2 Linha

Quando os pontos estão muito próximos, tão próximos que é impossível identificá-los individualmente, eles se transformam em outro elemento visual abstrato: a linha. A linha pode ser reta, curva ou randômica, sendo que esse movimento define sua energia nas artes, bem como sua estabilidade, o que pode ser determinante quando fazemos referência à legibilidade ou a qualquer experiência prolongada de acompanhar uma linha. Como explica Müller-Brockmann (1982, p. 29):

Assim como linhas demasiado compridas cansam, o mesmo acontece com as demasiado curtas. A linha comprida torna-se fatigante para a vista, pois que, se requer demasiada energia para manter a tinha horizontal diante dos olhos durante uma longa distância. No caso da linha demasiado curta, a vista é obrigada a mudar de linha demasiadas vezes. A largura de coluna correta é essencial para um ritmo de leitura constante e agradável, permitindo ao leitor relaxar-se e concentrar-se totalmente no conteúdo.

Claro que ela não se move de verdade; lembre-se de que, assim como o ponto, ela não existe e não tem dimensão, mas é infinita.

A depender dos movimentos que uma linha traça, por exemplo, uma curva brusca ou uma associação que represente um ângulo, ela passa a ser vista como um elemento, ainda que inacabado: a definição da área de um plano (Frutiger, 2001).

4.3 Direção/orientação

Se nosso foco fosse explicar geometria, estaríamos definindo plano para, em seguida, tratar de volumes; no entanto, estamos em busca dos elementos que fazem da forma **informação**. Isso ocorre, principalmente, por movimentos imaginários que dirigem e orientam um elemento visual. A direção e/ou sentido principal da experiência visual humana é a horizontal, e dela derivam todas as outras (Frutiger, 2001).

Ao fazer uma comparação, um peixe, por exemplo, precisa estar atento aos eixos verticais e horizontais, já que ele está flutuando na água; de maneira parecida, os pássaros precisam estar atentos aos dois sentidos; já um primata que viveu nas planas savanas da África precisava de uma visão que abrangesse rapidamente as laterais, pois era somente dessas direções que uma ameaça poderia surgir.

Vale lembrar que, quando está escuro, por questões anatômicas, a visão periférica humana passa a ser a parte mais ativa do olho, buscando movimentos ou figuras estranhas em cantos de um ambiente (Figueiredo, 2021). Por esses motivos, há certa dificuldade de avaliarmos mentalmente determinadas medidas. Por exemplo, um poste de 20 metros, ortogonalmente em pé, parece maior do que uma viga de 20 metros na horizontal. Nesse sentido, Ambrose e Harris (2012, p. 130, grifo nosso) explicam que:

> **Orientação** refere-se ao plano ou à direção em que os elementos de um design são organizados. Texto e imagens normalmente são configurados para visualização horizontal da esquerda para direita. O uso de outras orientações, como vertical ou diagonal, dá-se geralmente por razões estéticas, obrigando os leitores a girar a publicação para obter as informações. Isso pode estimulá-los a prestar mais atenção, mas também pode ter um efeito inverso e fazê-los perder o interesse.

Já voltaremos à questão de leitura; antes, porém, temos de abordar a **direção diagonal**. Em geral, ela é uma linha inclinada percebida pela comparação entre uma linha horizontal e/ou vertical. Costuma causar sensações de instabilidade, principalmente quando se distancia do ângulo de 45° para mais ou para menos (Frutiger, 2001). Para Dondis (1997, p. 35), essa direção "tem referência direta com a ideia de estabilidade. É a formulação oposta, a força direcional mais instável, e, consequentemente, mais provocadora das formulações visuais. Seu significado é ameaçador e quase literalmente perturbador".

Combinar diferentes orientações pode ser uma forma de dar ritmo e separar informações de diferentes classes, aproveitando ao máximo o espaço da página e estabilizando as inclinações (somando-as para que totalizem o ângulo ortogonal). Segundo Ambrose e Harris (2012, p. 130), essa "instabilidade parece ser contornada quando a linha inclinada de 45° se associa a ângulos de 15°, 30° e/ou 60° alternadamente, para em sua soma formar o ângulo de 90° ou o de 180° (os dois parecem ser mais confortáveis, pois constroem inconscientemente a segura orientação horizontal)". Claro que nem sempre é necessário compor de maneira a cancelar a inclinação, pois nem sempre existe essa carga negativa no ângulo inclinado. Um telhado inclinado, por exemplo, produz um ambiente mais aconchegante do que um telhado reto.

Dondis (1997) refere a existência de uma preferência natural ao ângulo inferior esquerdo e levanta duas possíveis explicações para isso: (1) o modo ocidental de ler e escrever pode ter produzido esse hábito (essa hipótese pode ser contestada imediatamente, pois a maioria das pessoas lê em sentidos bastante diferentes do ocidental; às vezes, até mesmo completamente opostos); (2) a predominância de pessoas destras, que tendem a fazer seus movimentos da esquerda para direita (essa sim é uma explicação plausível).

Ainda sobre as influências da leitura, Frutiger (2001, p. 10) considera que uma linha inclinada tem seu sentido determinado pelo sentido que o observador emprega na leitura.

Deve-se observar que uma diagonal sempre será analisada em relação à horizontal ou à vertical mais próxima. Quanto mais ela se aproximar ou se afastar de uma ou de outra (e, portanto, desviar-se do ângulo de 45°), mais sua imagem sofre alterações: ao aproximar-se mais da horizontal, tem-se a impressão de uma elevação; ao aproximar-se da vertical a sensação é de uma queda. Nosso hábito de leitura da esquerda para a direita influencia a análise de uma diagonal. Se é vista do lado inferior esquerdo para o superior direito, seu efeito é de uma "subida". Ao contrário, do lado superior esquerdo para o inferior direito, é de uma "descida".

Nesse caso, a consideração sobre a leitura pode ser feita de maneira mais ou menos universal, pois as sociedades que leem em um sentido contrário chegam a um julgamento contrário da natureza de uma linha inclinada.

Voltando à explicação de Dondis (1997) sobre a preferência do ângulo inferior esquerdo, adicionamos o mesmo raciocínio ao movimento que é feito de baixo para cima para levantar objetos ou movimentar partes dos corpos na realização de uma tarefa (inclusive os olhos). Em suma, podemos explicar essa preferência pela predominância de destros e pela força da gravidade, que sempre recomenda começar os movimentos verticais por baixo.

Segundo Müller-Brockmann (1982, p. 140),

Textos ou imagens colocados demasiado altos cansam o visitante porque obrigam-no a manter a cabeça levantada demasiado tempo; imagens e textos colocados demasiado baixos são igualmente fatigantes. Um ligeiro ângulo de inclinação de cabeça para baixo exige um esforço mínimo da parte dos músculos. Ao projetar a grelha dum desenho tridimensional, o processo é basicamente o mesmo que o duma grelha bidimensional. Alguns problemas adicionais derivam do material, iluminação e circulação dos visitantes.

Por sua vez, Mattos (2017) separa duas diagonais opostas: (1) barroca, a que começa no ângulo inferior esquerdo, isto é, um ponto supostamente mais confortável para o observador; e (2) oposta, que começa no ângulo inferior direito e termina no ângulo superior esquerdo, chamada de *diagonal sinistra*. Suas considerações são parecidas com as que já expusemos, mas o autor adiciona a possibilidade de que o desconforto seja usado para causar mais impacto em uma composição. Ele ainda fornece alguns exemplos sobre essa diagonal assustadora exercendo grande dramaticidade à cena representada, conforme pode ser observado nas Figuras 4.8 e 4.9.

Figura 4.8 – **Diagonal sinistra na obra de Caravaggio**

Fonte: Mattos, 2017.

CARAVAGGIO, M. M da. **Crucificação de São Pedro**. 1601. Óleo sobre tela, 230 cm × 175 cm. Santa Maria del Popolo, Roma, Itália.

Figura 4.9 – **Diagonal sinistra na obra de Guido Reni**

Fonte: Mattos, 2017.

RENI, G. **Arcanjo Miguel derrotando Satanás**. c. 1636. Óleo sobre tela, 293 cm × 202 cm. Santa Maria della Concezione dei Cappuccini, Roma, Itália.

Deste ponto em diante, faremos reflexões mais detalhadas sobre as influências da leitura e de outros fatores culturais no Capítulo 5. Por enquanto, imagine que você é um nômade na Idade da Pedra, que, ao entrar em um território desconhecido, se depara com uma pedra mais ou menos como a apresentada na Figura 4.10.

Figura 4.10 – **Pedra**

Ao encontrar uma pedra nesse formato, fica intrigado, mas, num primeiro momento, seu cérebro de caçador busca mais informações para chegar a qualquer conclusão. No entanto, se a pedra que você vê estiver no sentido apresentado na Figura 4.11, é um indício visual de uma presença, de que você não está sozinho e de que esse território não é seguro, pois a pedra não ficou nessa posição por uma pancada de vento, muito menos sozinha. Um objeto apoiado por um ponto indica uma interferência, uma intenção.

Figura 4.11 – **Uma pedra não costuma ser assim**

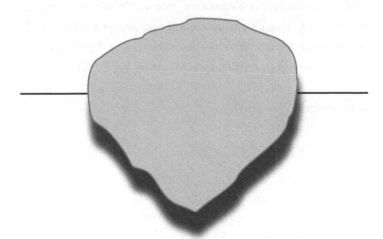

Agora, imagine que você está dirigindo um carro. Qual das formas apresentadas a seguir faria você parar mais rápido, a da Figura 4.12 ou a da Figura 4.13?

Figura 4.12 – **Repouso pela base**

Figura 4.13 – **Instabilidade pelo vértice**

Qual da duas lhe diz, mais rapidamente, que agora é hora de parar? Na próxima vez que sair de carro, observe os formatos das placas de trânsito, você se fará muitas outras perguntas parecidas.

4.4 Equilíbrio

A questão do equilíbrio visual demonstra que o sentido da visão pode traduzir sensações de outros sentidos e que a informação final depende mais do processamento daquilo que captamos com nossos sentidos do que dos sentidos em si. Ribeiro (1987) recomenda sempre usar a lógica da balança romana para organizar as informações.

O designer Saul Bass explica, com grande eloquência, essa relação em sua famosa montagem de um elefante que pende para um lado mais leve de uma balança, na qual um ponto parece muito pesado.

Por tudo que comentamos até aqui, não é exagero concordar com Dondis (1997) quando afirma que o equilíbrio é a referência mais relevante da experiência visual humana. Veja bem, essa experiência nem sequer é visível. No entanto, essa referência é tão bem exercitada que quase todos nós podemos indicar com uma espantosa aproximação os centros de gravidade das figuras e das composições. Quando isso não é feito conscientemente, o inconsciente se encarrega de percorrer a imagem, tentar equilibrar-se sobre ela, buscando apoios para não escorregar. Dondis (1997, p. 17) ainda reforça sua afirmação ao dizer que "O equilíbrio é tão fundamental na natureza quanto no homem. É o estado oposto ao colapso".

A sensação de equilíbrio sempre é um produto de avaliações muito dinâmicas que fazemos entre diferentes aspectos da realidade, de uma maneira quase automática. Embora algumas influências sejam concretas, como a gravidade que estressa a visão para que ela se sinta mais confortável em pontos mais baixos, em trânsitos horizontais ou na minúscula diferença temporal que o som leva para chegar ao ouvido direito e esquerdo, a maioria delas é, simplesmente, uma tradução multissensorial. Ou será que poderíamos chamar de *multimídia*? Não, não podemos porque significam, obviamente, coisas diferentes, mesmo podendo representar a mesma coisa (trataremos disso no Capítulo 5).

O olho humano percorre linhas imaginárias horizontais e verticais, com grande velocidade, na busca de eixos que denunciem a regularidade e/ou a irregularidade de um artefato. Esse comportamento natural sempre foi uma grande oportunidade de organizar a informação, já que, para que ela seja bem compreendida, basta estar disposta nesses eixos ou interagir com ele, de modo que o artefato se comunique com o usuário em um nível muito sofisticado de inconsciência.

4.5 Ela de novo: a forma

Segundo Ambrose e Harris (2012, p. 200):

> O construtivismo russo e, mais tarde, a Bauhaus na Alemanha, utilizaram e exploraram os valores inerentes e os significados da forma e da configuração. Eles entendiam que as três formas básicas – triângulo, quadrado e círculo – tinham características específicas. O triângulo é considerado o mais dinâmico, indicando movimento; o quadrado é o mais sólido e rígido das formas; e o círculo é passivo, sem cantos agudos.

É ponto pacífico entre diversos autores que as formas básicas bidimensionais que dão origem a todas as outras formas são o quadrado, o círculo e o triângulo. Estas estão presentes em absolutamente todas as culturas que já tentaram representar a realidade visualmente, desde o princípio da civilização humana.

Já tratamos muito sobre forma e formalismo; por isso, é dispensável nos atermos a esse assunto. Aliás, já podemos nos render à conclusão de que essas formas são universais, tal como diziam os designers modernistas da Bauhaus, com as várias ressalvas que já apresentamos sobre aquilo que é dito universal.

Agora, prestes a encerrar nossas considerações sobre a informação como artefato estético, podemos levantar uma última questão a respeito da forma: ela tem a ver com sua diferença, com formato. A visão humana parece separar ambos de várias maneiras, mas veremos uma descrição sobre como é separado o quadrado do retângulo:

> Tão logo o quadrado transformou-se em retângulo, perdeu seu caráter simbólico. Quem observa procura imediatamente a diferença entre altura e largura. Um retângulo é reconhecido como tal enquanto uma dimensão não for menor que a metade da outra (quando uma linha divisória central fizer transparecer dois quadrados). Retângulos com diferenças laterais ainda maiores assemelham-se a vigas ou pilastras. (Frutiger, 2001, p. 20)

O retângulo, com todas as características que já detalhamos até aqui, não costuma ser considerado uma forma, uma vez que sua diferença entre a base e a altura reforça uma ideia de relação, de proporção, de formato. Os formatos proporcionais abrigam os elementos que lhe compõem, sendo que um deles é a forma.

Anteriormente, mencionamos o filme *Interstelar* como exemplo de um formato que pode ser dividido proporcionalmente pela razão 16:09. Agora, vejamos um exemplo de quando a forma não é algo que segue a função, mas é a função em si. No filme *O farol*[9], toda a sensação de claustrofobia e estranheza da história é constantemente reforçada pelo fato de todos os acontecimentos estarem encarcerados em um torturante quadrado de razão aproximada de 1:1. Diante desse recurso de construção da imagem, o espectador não consegue olhar para os lados no intento de buscar o perigo lateral; isso rompe com o confortável e natural hábito de viver em um mundo horizontalmente seguro.

---

9   O FAROL. Direção: Robert Eggers. Canadá, EUA: Vitrine Filmes, 2019. 129 min.

Figura 4.14 – **Proporção de aproximadamente 1:1 do filme *O farol***

O FAROL. Direção: Robert Eggers. Canadá, EUA: Vitrine Filmes, 2019. 129 min.

A representação do rosto, o ideal tão perseguido por Vitrúvio, torna-se acessível por meio das formas básicas propostas pelos designers modernistas da Bauhaus, que nem precisaram de muitas – somente com quadrados e dois pares de linhas foi possível levar a cabo essa representação, como mostra a Figura 4.15.

Figura 4.15 – **Logo para a Bauhaus, de Oskar Schlemmer**

A partir daqui, podemos nos despedir de rostos bonitos e feios ou de fotos recortadas e invertidas para nos debruçarmos sobre a questão da linguagem no design da informação.

4.6 **Forma com significados**

Para transitar do estudo da informação como artefato estético para sua abordagem como linguagem, é válido lidar com os símbolos, os sinais e as partículas mais abstratos da informação visual, mediante a análise do mesmo objeto de exemplo com que iniciamos: o rosto humano.

Considere um desenho, por exemplo, composto de um círculo irregular, dois pontos e uma linha organizados de tal modo que lembrem um rosto. É quase impossível não o visualizar, apesar de não ser assim tão parecido com um rosto (na verdade, ele não é nada parecido). Mas por que aceitamos essa abstração como uma representação tão automática de uma face humana?

Segundo McCloud (1995), quando são eliminados os detalhes de uma imagem para fazer dela um cartum, não se trata somente de uma eliminação de detalhes, mas de uma seleção de detalhes significativos e relevantes. A ideia não é apenas fazer ver uma figura, mas fazer compreendê-la, capturar seu significado de modo mais amplo e polissêmico do que seria possível perceber nas representações de Da Vinci ou de Vitrúvio.

Agora que sabemos que linhas e pontos são abstrações de nossas mentes, fica fácil realizar uma dedução sobre como a imagem do rosto no desenho descrito pode se comunicar de maneira mais direta com nossos sistemas de códigos e de significados.

Sabemos também que uma imagem simples de desenhar é uma imagem simples de memorizar, pois seus aspectos construtivos são compreensíveis e facilmente reconstruídos mentalmente. É por essa razão que as formas básicas do triângulo, do quadrado e do círculo são consolidadas na história da humanidade, nas mais diversas épocas e nos mais distantes pontos do globo.

Contudo, McCloud (1995, p. 35, grifo do original) desenvolve um raciocínio que se distancia mais dessas questões pacificadas pela prática e pela teoria das artes visuais:

Quando duas pessoas interagem, elas normalmente se olham diretamente, vendo características de seu companheiro em **detalhes vívidos**. Cada um também contém uma consciência constante de seu próprio rosto, mas essa imagem mental não é tão nítida, é só um arranjo do tipo esboço... um senso de forma... de **colocação geral**.

Antes de seguirmos para a conclusão de McCloud (1995), pensemos melhor sobre o tema que vem a seguir: Você já percebeu que quase todos odeiam suas próprias fotos 3 × 4? Quase tão frequente quanto isso é uma outra pessoa olhar a foto 3 × 4 de um amigo e não ver absolutamente nada de errado nela, apesar de, em sua própria, ela ter uma opinião contrária. Seria isso um julgamento estético? Sustentamos que não. É absolutamente normal, por incrível que pareça, termos dificuldade de reconhecer nosso próprio rosto.

Essa condição absurda da experiência humana é brilhantemente retratada em um dos romances mais geniais do século XX: *Um, nenhum e cem mil*, de Luigi Pirandello (2001). Uma das situações curiosas vividas pelo protagonista Vitangelo Moscarda é uma experiência relativamente comum: ele estava andando na rua e, do outro lado, viu um homem estranho andando na calçada. Quando ele reparou melhor, aquele outro homem deixou de existir imediatamente, pois Moscarda se deu conta de que aquela imagem era seu próprio reflexo na vitrine. Antes dessa percepção, porém, ele passou por aquele raro momento em que vemos a nós mesmos exatamente como os outros nos veem, e não como nosso sistema de símbolos construiu nossa própria imagem, aquela que julgamos ver todos os dias no espelho. Na narrativa de Pirandello (2001, p. 38), assim consta:

> O meu caso, agora, é diferente ou é o mesmo? Enquanto eu mantenho os olhos fechados, somos dois: eu aqui, e ele no espelho. Devo impedir que ao abrir os olhos, ele se torne eu e eu, ele. Eu devo vê-lo sem ser visto. Isso é possível? Assim o vir, ele me verá, e nos reconheceremos. Mas muito obrigado! Eu não quero reconhecer-me; quero conhecê-lo fora de mim. Isso é possível? Meu esforço supremo deve consistir nisso: não me ver em mim, mas ser visto por mim, com os meus próprios olhos, mas como se fosse um outro, aquele outro que todos veem e eu não vejo. Então calma, pare tudo e atenção!

Tanto nesse caso quanto no do efeito Thatcher, é espantoso como a parte de nossa mente dedicada a reconhecer rostos é tão complexa e sofisticada e ao mesmo tempo fácil de se embaralhar em sua própria complexidade e cometer enganos estranhos.

Voltemos, então, ao rosto cartunizado que descrevemos: um círculo, dois pontos (como índices dos olhos) e uma reta (que representaria a boca). Dificilmente, o observador julga a imagem produzida como feia ou bonita, já que é meramente uma figura reconhecível, um ícone que está conectado com nossa linguagem, e não com nossa apreciação estética. Ora, mas se ele é uma representação de um rosto reconhecível, devemos nos obrigar a perguntar quem é que estamos reconhecendo.

Agora sim já extrapolamos o que pode ser explicado com formas e formatos. No próximo capítulo versaremos sobre o que falamos e sobre o que as coisas falam: a informação na condição de linguagem.

Capítulo 5

IMAGEM FALA?

Antes de tentar responder à pergunta que intitula o capítulo, vamos fazer um acordo? Esqueça por um momento qualquer metáfora ou sentido figurado. Por exemplo, em vez de solicitar que você mantenha os pés no chão, pediremos apenas que falemos de coisas objetivas. Desse modo, tudo que for dito a partir daqui será completamente literal.

Desculpe, leitor, mas já rompemos o acordo. Dissemos que falaríamos, mas não falamos nada. Esse texto não disse nada. Se você pensa que ouviu alguma coisa, lamentamos lhe dizer que não, você só está diante de um monte de letras, diagramadas em certa família tipográfica e com determinado corpo de fonte. Aliás, tipografias não têm famílias, então nem mesmo isso é uma verdade objetiva.

Assim, verificamos que qualquer tentativa de nos comunicarmos objetivamente causa a sensação de uma mensagem sem sentido, absolutamente contraditória, porque o processo de comunicação sempre é polissêmico, ou seja, tem vários significados. Mesmo o que aparentemente não significa nada pode significar muito e guardar vários mistérios.

A despeito disso, há algo que podemos garantir: nunca em sua vida uma imagem falou com você. Millôr Fernandes, com sua encantadora habilidade na arte e na literatura, desafiou a famosa frase de Confúcio ao dizer: "Uma imagem vale mais do que mil palavras... mas experimente dizer isso sem palavras". Ora, também seria difícil "dizer" isso sem letras, não?

Figura 5.1 – **A traição das imagens, de René Magritte**

MAGRITTE, R. **A traição das imagens**. 1929. Óleo sobre tela, 60,3cm × 81,1 cm. Museu de Arte do Condado de Los Angeles, Los Angeles, Estados Unidos.

Na Figura 5.1, você pensa estar vendo uma pintura de René Magritte, mas não há pintura alguma, apenas a reprodução de uma imagem que, na verdade, era uma foto de uma pintura de Magritte. De qualquer modo, prossigamos. A pintura tem um cachimbo e uma frase em francês: "*Ceci n'est pas une pipe*", que, traduzida, significa "Isto não é um cachimbo". A frase nos lembra que realmente não tem cachimbo nenhum lá, porque a imagem é só um quadro com tinta. Somos nós, os espectadores, que vemos um cachimbo, porque nós o produzimos em nossas mentes – ou melhor, você fez, pois isto é só um texto que você está lendo sozinho.

A propósito, isto na Figura 5.2 é um rosto?

Figura 5.2 - **Isto não é um rosto e você não está ouvindo a voz dele**

Embora você insista em fazer um rosto em sua mente, ouvi-lo e até se identificar com ele, essa é apenas a representação de um rosto. *Representação, simbolismo, abstração* etc. são as palavras-chave para escapar de sua conversa sem sentido (sua, pois quem está produzindo o significado deste texto é você).

Segundo McCloud (1995, p. 31, grifo do original), "O fato de sua mente conseguir pegar um **círculo**, **dois pontos**, uma **linha** e transformar isso num **rosto** é, no mínimo, incrível! Mais incrível ainda é ser impossível você deixar de ver um rosto aqui, sua mente não permite!".

A representação das coisas em interação com os processos de interpretação do espectador é que fala, comunica ou informa algo, ou seja, uma imagem só comunica porque ela foi compreendida por um alguém que aprendeu a ler imagens. Em outras palavras, a informação visual é uma linguagem.

A esse respeito, Santaella (2017, p. 5) explica que:

quando dizemos linguagem, queremos nos referir a uma gama incrivelmente intrincada de formas sociais de comunicação e de significação, que inclui a linguagem verbal articulada, mas absorve também, inclusive, a linguagem dos surdos-mudos, o sistema codificado da moda, da culinária e tantos outros. Enfim: todos os sistemas de produção de sentido aos quais o desenvolvimento dos meios de reprodução de linguagem propicia hoje uma enorme difusão.

Considerar a informação como linguagem implica separar o conceito de língua do conceito de linguagem. As primeiras tentativas de fazer isso tiveram início no século XX, em um momento em que se percebia a emergência desorganizada de uma nova cultura global, que exigiria uma ciência para compreendê-la: a teoria geral dos signos[1], a semiótica.

Santaella (2017, p. 5) acrescenta:

A primeira peculiaridade reside no fato de ter tido, na realidade, três origens ou sementes lançadas quase simultaneamente no tempo, mas distintas no espaço e na paternidade: uma nos EUA, outra na União Soviética e a terceira na Europa Ocidental. Esse surgimento em lugares diferentes, mas temporalmente quase sincronizados, só vem confirmar uma hipótese de que os fatos concretos – isto é, a proliferação histórica crescente das linguagens e códigos, dos meios de reprodução e difusão de informações e mensagens, proliferação esta que se iniciou a partir da Revolução Industrial – vieram gradativamente inseminando e fazendo emergir uma "consciência semiótica".

---

[1] Segundo Peirce (citado por Niemeyer, 2007, p. 185), "signo é algo que representa alguma coisa para alguém em determinado contexto. Portanto, é inerente à constituição do signo o seu caráter de representação, de se fazer presente, de estar em lugar de algo, de não ser o próprio algo. O signo tem o papel de mediador entre algo ausente e um intérprete presente".

De acordo com Niemeyer (2007), os signos se organizam em grupos chamados *códigos*, compondo um sistema que, a depender de sua eficácia, transforma-se em uma linguagem. Essa eficácia tem a ver com o êxito ou não desse sistema em representar objetos e fenômenos em diferentes áreas do conhecimento humano.

Tal organização é denominada *estruturação sígnica*, a qual será tão bem-sucedida quanto mais visualmente simplificada a imagem for. Porém, a simplificação requer certa dose de abstração e um conjunto de convenções sociais que legitimam associar uma linha reta ou um ponto a algum objeto ou fenômeno concreto da realidade (lembremo-nos que nenhum desses elementos existem concretamente no mundo real).

Essas fronteiras entre o descritivo e o abstrato são a maior dificuldade de quem tenta se comunicar visualmente: o descritivo é pouco eficiente, mas não requer o aprendizado de convenções ou, se assim quisermos chamar, de um observador *alfabetizado visualmente*. Já uma imagem abstrata precisa de um observador preparado, um usuário que aprendeu a decodificar tal linguagem.

Tomemos como exemplo a imagem descritiva de um touro e uma imagem com a letra *A* grafada (mais à frente, retomaremos a ligação entre esses dois signos aparentemente tão distantes). A grande vantagem de uma imagem abstrata é que ela condensa grande quantidade de informações em uma figura simplificada (quando você vê a letra *A* em fontes tipográficas diferentes, em caligrafias distintas, não deixa de interpretá-la como *A*); o problema é que ela é restritiva em relação a uma imagem descritiva (um desenho realista de um touro, por exemplo, pode ser compreendido como um bisão, uma vaca, enfim, como várias coisas próximas de um touro, mas não há certeza de que o observador interpretará a imagem de acordo com o propósito que ela tem).

Para McCloud (1995, p. 49, grifo do original),

Imagens são informações **recebidas**. Ninguém precisa de educação formal para "**entender a mensagem**". Ela é **instantânea**. A escrita é informação **percebida**. É preciso conhecimento especializado pra decodificar os símbolos abstratos, a linguagem. Quando as imagens são mais abstraídas da "realidade", requerem maiores níveis de percepção, como as **palavras**. Quando as palavras são mais audaciosas, mais diretas, requerem níveis **inferiores** de percepção e são percebidas com mais **rapidez**, como **imagens**.

Niemeyer (2007) separa a linguagem em três categorias: (1) verbal, formada por palavras faladas ou escritas; (2) não verbal, que ocorre por meio de imagens, gestos, sons, movimentos etc.; e (3) sincrética, formada por códigos de naturezas distintas. Nessa última categoria, ela enquadra a maioria da produção em design.

Obviamente, podemos questionar esse sincretismo, pois, como já discutimos, a linguagem, em geral, é polissêmica, sendo, portanto, invariavelmente sincrética. Mas para prosseguir com nosso raciocínio, aceitemos uma ideia de predominância, o que nos permite classificar uma linguagem como predominantemente verbal ou não verbal.

A esse respeito, Santaella (2017, p. 8) defende que:

Nessa medida, o termo linguagem se estende aos sistemas aparentemente mais inumanos, como as linguagens binárias de que as máquinas se utilizam para se comunicar entre si e com o homem (a linguagem do computador, por exemplo), até tudo aquilo que, na natureza, fala ao homem e é sentido como linguagem. Haverá, assim, a linguagem das flores, dos ventos, dos ruídos, dos sinais de energia vital emitidos pelo corpo e, até mesmo, a linguagem do silêncio. Isso tudo, sem falar do sonho que, desde Freud, já sabemos que também se estrutura como linguagem. [...] A Semiótica é a ciência que tem por objeto de investigação todas as linguagens possíveis, ou seja, que tem por objetivo o exame dos modos de constituição de todo e qualquer fenômeno como fenômeno de produção de significação e de sentido.

Essa providência permite, também, considerar outras categorizações que ajudam a observar a linguagem das imagens como um assunto divisível em partes, elementos, instâncias, ou como Dondis (1997, p. 51) definiu: "A interação em três níveis".

Expressamos e recebemos mensagens visuais em três níveis: o representacional, aquilo que vemos e identificamos com base no meio ambiente e na experiência; o abstrato – a qualidade cinestésica de um fato visual reduzido a seus componentes visuais básicos e elementares, enfatizando os meios mais diretos, emocionais e mesmo primitivos da criação de mensagens; e o simbólico – o vasto universo de sistemas de símbolos codificados que o homem criou arbitrariamente e ao qual atribuiu significados. Todos esses níveis de resgate de informações são interligados e se sobrepõem, mas é possível estabelecer distinções suficientes entre eles, de tal modo que possam ser analisados tanto em termos de seu valor como tática potencial para a criação de mensagens quanto em termos de sua qualidade no processo da visão. (Dondis, 1997, p. 51)

Por isso, é importante reforçar que não trataremos de semiótica nem nos aprofundaremos nas diversas teorias da linguagem visual. Aqui, arranharemos a superfície de alguns elementos em poucos parágrafos, mas saiba que esse vastíssimo campo de estudo é algo que vale a pena explorar.

McCloud (1995) também separou a linguagem visual em três partes, que podem ser visualizadas em um diagrama triangular, organizado por um vetor que vai do realismo até a abstração, com um terceiro que considera o significado das imagens.

Vamos associar esses dois interessantes modelos, em busca do olhar linguístico da informação visual. Nesse sentido, Dondis (1997, p. 52) advoga que:

A reprodução da informação visual natural deve ser acessível a todos. Deve ser ensinada e pode ser aprendida, mas é preciso observar que nela não há um sistema estrutural arbitrário e externo, semelhante ao da linguagem. [...] Para alguns observadores, a informação visual não vai além do nível primário de informação. Para Leonardo da Vinci, um pássaro significava voar, e seu estudo desse fato levou-o a tentar a invenção de máquinas voadoras.

Gombrich (2007) reforça essa descrição sobre como Leonardo da Vinci tinha um pensamento bastante diverso do que se costuma imaginar sobre o objeto e sua representação. Seus desenhos que descreviam as etapas de desenvolvimento de um feto humano, bem como suas representações da anatomia derivadas de intensos estudos de corpos dissecados, não serviam para que Leonardo desenhasse ou pintasse melhor um ser humano. O que ele queria era fazer um ser humano, ou pelo menos criar uma forma de vida. Um caso divertido mostra como o renascentista levou seu objetivo até as últimas consequências:

Lemos hoje sobre o projeto da "máquina voadora" de Leonardo, mas se examinarmos as suas notas não encontraremos tal expressão. O que ele queria fazer era um pássaro que voasse e, em uma vez mais, há um tom exultante na famosa profecia do mestre de que o pássaro haveria de voar. Não voou.

E logo depois encontramos Leonardo hospedado no Vaticano ao tempo em que Michelangelo e Rafael estavam lá, criando suas mais famosas obras – brigando com um alemão fabricante de espelhos e prendendo asas e uma barba num lagarto amestrado para assustar suas visitas. Fabricou um dragão, mas isso foi apenas uma excêntrica nota de rodapé na sua vida de Prometeu. O desejo de ser um criador, um fazedor de coisas, passara do pintor para o engenheiro – deixando ao artista apenas a pequena consolação de ser um fazedor de sonhos. (Gombrich, 2007, p. 103)

Ora, ora... Não é que ele conseguiu criar uma vida? Um lagarto com barba falsa não pode representar outra coisa além de um dragão. E a diferença entre o que um objeto é e o que ele representa pode ser bem menor do que você pensa.

5.1 Primeiro nível: representação

Comecemos com prudência, sem tentar definir esse primeiro nível de uma maneira muito avançada, iniciando pelo ponto de vista de uma criança:

Certa vez, quando tinha seis anos, vi num livro sobre a Floresta Virgem, "Histórias Vividas", uma imponente gravura. Representava ela uma jiboia que engolia uma fera. Eis a cópia do desenho. Dizia o livro: "As jiboias engolem, sem mastigar, a presa inteira. Em seguida, não podem mover-se e dormem os seis meses da digestão. "Refleti muito então sobre as aventuras da selva, e fiz, com lápis de cor, o meu primeiro desenho. Meu desenho número 1 era assim: Mostrei minha obra-prima às pessoas grandes e perguntei se o meu desenho lhes fazia medo. Respondera-me: "Por que é que um chapéu faria medo?" (Saint-Exupéry, 2017, p. 2)

Se você já leu ou ouviu falar desse trecho, certamente sabe que o autor não fez o referido desenho quando era criança. Ele só representou o ponto de vista infantil quando já era adulto ao compor a obra *O pequeno príncipe*, ou seja, tratava-se de um adulto representando uma criança produzindo uma imagem.

Caro leitor, neste ponto demanda-se um esforço enorme. Neste capítulo, falaremos sobre tudo – sim, sem nenhuma força de expressão, tudo mesmo: qualquer coisa que já existiu, qualquer coisa que nem sequer existe, qualquer coisa que você possa imaginar, inclusive aquilo que não citaremos aqui, como o que tem dentro do chapéu/jiboia de *O pequeno príncipe*. Ousaremos falar daquilo que nem sequer está aqui, conseguiremos falar de todas as coisas que não cabem em um capítulo, nem mesmo em uma vida ou em mil, mas cabem dentro de uma jiboia, que parece um chapéu, desenhada e pintada por um escritor adulto fingindo ser uma criança de 6 anos. Aliás, fingindo não, representando. Abordaremos, agora, o nível da representação!

Esse primeiro nível é o que apresenta a teoria mais densa entre os demais. A substituição de uma coisa por outra: duas pedras representam duas unidades, várias letras paradas em uma sequência específica, poeticamente organizadas, podem representar o movimento, como fez o poeta Ronaldo Azeredo, no poema *Velocidade*.

A representação é o ponto de encontro e de partida da matemática, da poesia, do teatro, da ciência, enfim, de todas as práticas de um ser humano em sociedade, de tudo que pode ser compreendido, do próprio pensamento, de tudo que *significa*. O campo do saber que estuda tudo isso ao mesmo tempo, que estuda todos os signos, é a semiótica, definida por Santaella (2017, p. 8) como "a ciência que tem por objeto de investigação todas as linguagens possíveis, ou seja, que tem por objetivo o exame dos modos de constituição de todo e qualquer fenômeno como fenômeno de produção de significação e de sentido".

Santaella (2017) registra que a semiótica foi criada por Charles Sanders Peirce (1839-1914), físico, astrônomo, químico, biólogo, geólogo, historiador, filólogo, psicólogo, pedagogo e linguista, que também era um profundo apreciador de literatura, especialmente de poesia, da qual ele desfrutava com grande abrangência, graças à sua fluência em mais de 10 línguas.

Aos 11 anos de idade, Peirce escreveu *Uma história da química*, a primeira obra que comporia as aproximadamente 80 mil páginas manuscritas, das quais 12 mil foram publicadas – apenas um fragmento recuperado de sua obra. Esse gigante intelectual dedicou os últimos 30 anos de sua vida a desenvolver a **teoria geral dos signos**, a qual conectava todos esses interesses e conhecimentos por meio do que convencionou-se denominar *semiótica*.

Tentar resumir a semiótica seria um pretencioso e descuidado fracasso; portanto, é importante destacar que aqui faremos um recorte bastante limitado do que Peirce entendia como signo, sem nos aprofundar nas categorias universais dos fenômenos[2] responsáveis pela produção dos signos nem no esquema dinâmico que ele realiza, nomeado *tricotomia*[3].

---

2   A primeiridade, a secundidade e a terceiridade.

3   Esse esquema explica as relações dos signos com os fenômenos: signo em relação ao signo, signo em relação ao objeto, signo em relação ao interpretante.

Signo é a representação de um objeto em uma circunstância específica. Por exemplo, tomando a casa por objeto, podemos representá-la de várias formas, cada uma com seu próprio contexto. Como explica Santaella (2017, p. 78),

a pintura de uma casa, o desenho de uma casa, a fotografia de uma casa, o esboço de uma casa, um filme de uma casa, a planta baixa de uma casa, a maquete de uma casa, ou mesmo o seu olhar para uma casa, são todos signos do objeto casa. Não são a própria casa, nem a ideia geral que temos de casa. Cada um deles a substitui apenas, de um certo modo que depende da natureza do próprio signo. A natureza de uma fotografia não é a mesma de uma planta baixa.

O contexto é importante porque um signo só pode representar uma casa se ele for entendido como esse objeto por alguém que possa interpretá-lo. Caso isso não ocorra, ele deixa de representar (de ser um signo) para ele mesmo ser o objeto, e o sujeito interpretante deixa de existir.

De outra forma, se uma planta baixa de uma casa for vista por alguém que não faz ideia do que seja arquitetura, não conheça nenhuma convenção gráfica que fundamenta a geometria (o ponto, a reta etc.) tampouco tenha a capacidade de abstrair uma vista superior de uma casa, esse alguém não estará diante da representação de uma casa, mas sim de um pedaço de papel pintado, estará diante de um objeto, e não de um signo, incapaz de gerar um efeito de interpretação; portanto, nenhum fenômeno semiológico ocorreria.

Então, para resumir muitíssimo, o processo de representação de Peirce ocorre pela **tríade signo, objeto e interpretação** – exemplificando: planta baixa (signo), casa (objeto) e um sujeito capaz de interpretar a planta baixa (interpretação), respectivamente. A **mediação** é o que faz com que os objetos se transformem em outros objetos e transitem entre uma mente e outra, em um processo quase incompreensível, mas executado com a mesma facilidade de respirar. Para McCloud (1995, p. 194-195, grifo do original),

Todas as mídias são um **subproduto** de nossa incapacidade de comunicação **mente a mente.**

Triste, é lógico, porque quase todos os problemas da humanidade surgem dessa incapacidade.

Cada **meio de comunicação** serve apenas como uma ponte **entre** as mentes.

A mídia transforma pensamentos em formas que podem atravessar o **mundo físico**, reconvertendo-os por um ou mais sentidos de novo em pensamentos.

Para compreender melhor essa questão, imagine a representação de um rosto, cujo signo é uma imagem desenhada e pintada com tinta, usando linhas, pontos e manchas para simular as luzes e as sombras que revelam um rosto na vida real, em uma composição realista que se assemelha a uma fotografia.

Essa simulação, infiel ao objeto original, mas que pode ser lida por certo tipo de interpretante em determinados tipos de contextos, ocorre por meio do próximo nível da linguagem visual: o simbolismo.

5.2 Segundo nível: simbolismo

Para Dondis (1997), o simbolismo é o tratamento mais intenso de abstração em uma imagem, uma redução radical dos detalhes visuais para a simplificação mais irredutível e eficaz possível, sendo a eficácia compreendida como a capacidade que a imagem tem de comunicar seus significados. A exemplo de Millôr Fernandes, a autora também referencia e altera a famosa frase de Confúcio, afirmando que se uma imagem vale mais que mil palavras, um símbolo vale por mil imagens. Primeiro, é preciso chamar a atenção para a palavra *irredutível*, pois se um símbolo fosse mesmo irredutível, o processo de transformação visual não poderia avançar para o nível da abstração, o que se chocaria com a opinião da proposta da autora e anularia o nexo lógico para o próximo capítulo.

McCloud (1995) explica o símbolo de maneira muito parecida com a adotada por Dondis, mas há uma ponderação importante sobre o processo de simbolizar: ele não é dirigido à redução, mas à seleção daquilo que é mais significativo em uma imagem.

No entanto, a escala de abstração que vai de uma representação realista semelhante a uma fotografia, passa pelo desenho mais ou menos detalhista e segue até uma imagem icônica (ou símbolo) pode sugerir que o processo de criar um símbolo é, exclusivamente, um processo de simplificação da imagem. Mas não é bem isso. O próprio autor explica essa transformação de uma imagem pictórica: "Isso não é mais uma figura, mas uma metáfora visual – um **símbolo**. E os símbolos são a base da **linguagem**!" (McCloud, 1995, p. 128, grifo do original). Para o autor, a máxima subtração visual de um rosto em particular produz a representação mais abrangente e significante dos rostos humanos em geral.

Essa diferença pode parecer um detalhe sem importância, mas cuidado: os detalhes quase sempre são tão perigosos quanto menos importantes pareçam. Para um designer da informação, é essencial saber e transparecer (com todos os grifos e sublinhados possíveis) duas coisas: (1) tratar a complexidade não é eliminá-la, mas a organizar de maneira que aquilo que é mais significativo seja ressaltado; (2) esse processo é movido por uma agência autoral, sendo, portanto, uma obrigação social do designer explicitar que **não existem símbolos neutros ou inocentes**. O simbolismo das imagens científicas, por exemplo, carrega uma aura de porta-voz da verdade tão poderosa que pode induzir aos mais variados tipos de engano. Isso não tem a ver com a simplificação gráfica da imagem, mas com a relação proporcional entre a quantidade de informações complexas que uma única informação pode abrigar, e a mesma quantidade de informações abrigadas em outra forma de expressão, a oral, por exemplo.

Outra diferença entre os dois autores é um pouco mais lateral: o que para um é designado como *símbolo*, para outro é melhor descrito como *ícone*, conforme explica McCloud (1995, p. 27, grifo do original):

No entanto, as imagens que normalmente chamamos de símbolos são uma categoria de **ícone**. [...]

Há os ícones de **linguagem**, de **ciências** e de **comunicações**. Ícones do reino prático.

E, finalmente, os ícones que chamamos de **figuras**: imagens criadas para se **assemelharem** a seus temas. Assim como a semelhança varia, o mesmo ocorre com o conteúdo icônico. Em outras palavras, algumas figuras são mais icônicas do que outras.

Por reconhecer a prevalência do termo *símbolo* para o que estamos descrevendo, vamos adotá-la em detrimento da palavra *ícone*, estabelecendo, dessa maneira, uma ponte teórica entre McCloud (1995) e Dondis (1997) no que diz respeito à transformação de mil imagens em um símbolo.

O nível do simbolismo talvez não seja o mais importante de todos (nem o mais complexo), mas é nele que se pode cometer os piores deslizes no ensino do design (por isso, este capítulo tem tantas advertências). Esse processo reforça o papel do designer como um profissional e/ou estudante que pensa subjetivamente.

A diferença entre uma afirmação como "A cor púrpura significa a emissão de radiações eletromagnéticas" e "O branco significa a morte na China" pode nos ajudar a explicar símbolo, separando-o de signo e demonstrando que essas conexões não são nada fáceis de manejar. A cor púrpura simboliza radiações eletromagnéticas porque assim está determinado em manuais de segurança do trabalho (Ribeiro, 1987). Portanto, em certos ambientes industriais e laboratoriais, a cor púrpura recomenda os cuidados que um trabalhador deve ter ao vê-la. Já a cor branca simboliza a morte e o luto na China, e em outros países asiáticos como a Coreia, porque isso está preconizado nas linguagens próprias dessas culturas, o que determina pudor e mesmo restrição na utilização do branco em seus contextos.

Portanto, sempre diante da ideia de que o vermelho simboliza a sensualidade ou que uma linha orgânica simboliza espontaneidade, é preciso se fazer as seguintes perguntas:

- Simboliza a juízo de quem?
- Isso é válido para qual época ou cultura?
- Quais são as habilidades específicas que permitem ao usuário ler essa informação?

Tais perguntas ajudam a nortear o designer da informação, de modo a deixá-lo atento ao contexto da mensagem e rejeitar significados universais e arbitrários para descrever um elemento visual qualquer. Estamos, neste momento, usando o exemplo da cor porque esse é um dos campos mais fecundos para o uso malprojetado dos simbolismos. Isso porque os significados indexados por meio de consensos, de culturas e até de normas são confundidos com respostas generalizáveis aos espectadores. É possível tentar obter leituras universais de uma cor? Existem símbolos na natureza?

Bom, é possível especular. Por exemplo, imagine que você é um homem ou uma mulher da aurora da civilização humana, um nômade que está caminhando faz dois dias sem comer, em busca de alimentação. Agora imagine que você encontrou um alimento, um peixe. Depois de dois dias sem comer, você despedaça o peixe com uma mordida, revelando o interior rubro deste animal, que, nesse exato momento, está saciando sua fome (se o exemplo não lhe apetecer, imagine uma fruta). Muito bem, agora observe a Figura 5.3 e reflita por que a caixa parece tão especial?

Figura 5.3 – **Uma melancia? Um peixe cheio de sangue?**

Embalagens luxuosas costumam ter um revestimento na cor vermelha. Será que isso é o vestígio de uma simbolização natural? Essa é uma possibilidade que discutiremos.

O aposematismo[4] é um interessante fenômeno que indica que os processos de seleção natural e a memória genética podem amedrontar uma cobra ou uma ave de rapina. O sapo-barriga–de-fogo, por exemplo, tem uma coloração bastante comum entre os sapos – pelo menos na parte da cabeça e das costas –, uma mistura de verdes, cinzas e tons de marrom, para poder se confundir com um ambiente de cores muito semelhantes a essa paleta. Tais cores estão a serviço de uma camuflagem comum, mas ao encontrar um predador como um pássaro ou uma cobra, ele exibe o seu ventre e faz com que seu antagonista descubra que ele é venenoso, desencorajando o ataque.

Figura 5.4 – **Cores mortais**

agus fitriyanto suratno/Shutterstock

4 O aposematismo é um tipo de linguagem que consiste em adaptações dos organismos de seres vivos que servem como sinais de alerta que as presas dão a seus predadores por meio das cores. "Coloração aposemática é um traço comum na natureza, que serve para alertar predadores em potencial de que um indivíduo é intragável, prejudicial ou potencialmente perigoso e deve ser evitado. A eficácia dos sinais aposemáticos depende da habilidade dos predadores em associar a coloração conspícua de uma espécie de presa com a desvantagem de atacar essa espécie" (Bordignon et al., 2018, p. 1, tradução nossa).

Não é preciso buscar muitos outros exemplos de animais venenosos que têm a associação de preto/vermelho e preto/laranja. Outras imagens mais repulsivas, de inflamações epiteliais, por exemplo, apresentam essas mesmas associações cromáticas.

Imagine algo novamente: um filme de terror. Que tipo de imagem vem à sua cabeça? Quais são as cores predominantes dos cartazes, das capas de livros e as imagens que pretendem lhe assustar? E se nada disso lhe amedrontar, em qual gênero literário você encaixaria a imagem da Figura 5.5?

Figura 5.5 – **Um cenário de terror**

andreiuc88/Shutterstock

Antes de você fazer mais e mais conexões, perceba que a capa do Conde Drácula é preta e vermelha, que muitos tipos de ferimento são pretos e vermelhos etc. Volte a examinar a Figura 5.3, ela não era supostamente especial e positiva? Como pode assim o ser se ela está representada em uma imagem predominantemente preta e vermelha? Acontece que antes da imagem foi criado um contexto em que você tinha a fome saciada e, logo depois, estabeleceu-se uma fragílima relação de causa e efeito com os sapos de ventres coloridos. Toda a narrativa imaginada sobre o nômade que encontrava a comida foi transferida para a imagem, transformando-a em uma poderosa **metáfora visual**: um símbolo no qual cabem sapos, peixes despedaçados e humanos primitivos.

Uma ferramenta pode ser usada para fundamentar um argumento sem nenhum suporte histórico ou científico, mas pode também convencer o leitor mais descuidado de que, para projetar uma embalagem maravilhosa, basta pintar o interior dela de vermelho, porque o interior vermelho representa a fome saciada.

Novamente, são válidos os questionamentos: Simboliza a juízo de quem? Isso se aplica a qual época ou cultura? Quais são as habilidades específicas que permitem ao usuário ler essa informação?

Nada impede que você projete a informação lembrando a história do nômade ou a capa do Conde Drácula, mas, se for fazê-lo, não se esqueça dessas três perguntas.

Assim, o símbolo vale por mil imagens porque é carregado por mil contextos visuais. Se podemos discutir o potencial da associação do preto com o vermelho, é porque por trás disso há um repertório de signos que possibilitam essa reflexão.

5.3 Terceiro nível: abstração

Para além do símbolo, antes de chegarmos a um estágio não visual, ainda existem as figuras abstratas. A eliminação da representação produz o significado puro dessa representação e, assim, chegamos ao nível mais fundamental que a informação pode atingir, a representação definitiva, **o símbolo infalível: a abstração**. Pelo uso constante da representação de algum objeto, essa representação se desconstrói para um formato cada vez mais prático.

As primeiras sociedades a contar começaram com a representação: uma pedra representava uma ovelha, duas pedras, duas ovelhas, e assim por diante. Entretanto, esse tipo de representação, assim como todos os outros, sempre será um pouco deficiente, na medida que a conexão entre uma pedra e uma ovelha nunca é imediata. Mesmo o símbolo de uma ovelha, ou o símbolo de duas, também não é suficientemente direto, pelo menos não tão direto quanto o signo na Figura 5.6.

Figura 5.6 – **Dois**

Quanto pesa o número 2? Ele é rápido como um cavalo ou lento como uma tartaruga? O número 2 está triste, feliz ou com frio? Ainda que essas perguntas possam ser respondidas, sempre será um salto imaginativo muito grande tentar identificar o número 2 com outro significado que não duas unidades. Na verdade, toda tentativa nesse sentido soará como uma brincadeira ou um disparate exotérico. A imagem abstrata não permite interpretações diversas porque ela é puro significado. No entanto, sua limitação está no fato de só poder ter um interpretante, se ele for, de alguma forma, capacitado para associar o signo abstrato ao objeto que, supostamente, ele deveria estar indexado.

Sobre isso, Dondis (1997, p. 65) explica que:

> A abstração, contudo, não precisa ter nenhuma relação com a criação de símbolos, quando os símbolos têm significado apenas porque este lhes é imposto. Em termos visuais, a abstração é uma simplificação que busca um significado mais intenso e condensado. Potencial de criação de mensagens através da redução da informação visual realista a componentes abstratos está na reação do arranjo ao efeito pretendido. Pode haver um significado complexo na subestrutura abstrata? A música, afinal, é totalmente abstrata... Mesmo assim, definimos o conteúdo musical como alegre, triste, vivo, empolado, marcial, romântico.

Antes de prosseguir, examinemos um exemplo de representação na Figura 5.7, a qual mostra um animal muito interessante para o campo da arte e da comunicação: o boi.

Figura 5.7 – **Fotografia de um boi**

Agora, fazemos a você mais um pedido: pare um pouco e escreva o que a Figura 5.7 representa. Fique à vontade para fazer as interpretações que desejar.

Pronto? Bem, talvez você tenha escrito coisas como *boi*, *touro*, *perigo*, *carne*, enfim, não há como saber; essa informação pode ser manejada de muitas formas pelo interpretante, o que deixa o designer da informação em uma situação insegura. A despeito disso, prossigamos. O que você pode interpretar da Figura 5.8, a seguir?

Figura 5.8 – **Representação de um boi**

Brent Walker/Shutterstock

Percebe que as possibilidades de não identificar essa representação como um boi se tornam cada vez mais limitadas? Claro que se você não souber as convenções sobre pontos e linhas ou se não estiver acostumado com esse tipo de vocabulário pictórico, você nem mesmo pode interpretar algo. Bom, podemos imaginar que a abstração seguinte só pode ser a palavra *boi* ou a palavra *touro*, correto?

Em um contexto histórico de uso, de muitos e muitos anos, a resposta quase sempre é não. A representação se transforma em símbolo, depois em uma representação cada vez mais abstrata, mais desconectada do objeto, até que se transforme em algo quase independente. Essa é a história da letra *A* e de quase todas as letras, como ilustra a Figura 5.9.

Figura 5.9 – **Processo histórico de abstração das letras *A*, *H* e *M***

Fonte: Relli, 2019.

    Então, o processo de abstração de uma imagem pode seguir em diferentes sentidos, nem sempre precisa ser em direção a uma simplificação de sua forma (apenas). Ela pode ter seu significado alterado, ou seu objeto sígnico pode ser substituído. No caso da antiga figura pictórica fenícia, ela representava uma cabeça de boi, que passou a representar rigidamente um conceito único, o do som da letra *A*.

    Ainda assim, esse não é o único caminho de abstração possível, como observou McCloud (1995): a grafia de uma palavra pode dar origem a uma frase metafórica que represente um conceito mais abstrato ainda, ou o desenho de um quadrado ou de um ponto pode despojar-se de qualquer representação externa para representar ele mesmo.

5.4 Interação entre os três níveis

Suponha um rosto representado em uma imagem realista tendo sido produzido de tal forma a parecer pensativo, talvez aborrecido ou com uma expressão atenta. Aliás, pode até mesmo dar uma informação que remete a um rosto adormecido. Isso tudo graças a pontos e linhas que simbolizam as relações de luz e sombra que podem originar a forma de um rosto e a diferença tonal entre a pele e o cabelo etc.

Imagine, agora, que esse rosto tem na região dos olhos a palavra *olho* replicada duas vezes para representar esse par de órgãos da visão. Então, esse rosto não apresenta olhar algum; nele, não há nenhuma informação: se está aberto ou fechado, dirigido a uma direção específica; há apenas a informação pura de um olho ao lado de outro.

O resultado final é uma bela demonstração da interação entre os três níveis de interpretação – representação, simbolismo e abstração –, que são completamente diferentes, mas que, se unidos estrategicamente, são capazes de criar poderosas imagens. Essa interação estratégica é denominada *sintaxe da linguagem visual*.

Para Dondis (1997, p. 14),

Em todos os seus inúmeros aspectos, o processo é complexo. Não obstante, não há por que transformar a complexidade num obstáculo à compreensão do modo visual. Certamente é mais fácil dispor de um conjunto de definições e limites comuns para a construção ou a composição, mas a simplicidade tem aspectos negativos. Quanto mais simples a fórmula, mais restrito será o potencial de variação e expressão criativas. Longe de ser negativa, a funcionalidade da inteligência visual em três níveis – realista, abstrato e simbólico – tem a nos oferecer uma interação harmoniosa, por mais sincrética que possa ser.

Mas aqui temos que tomar cuidado com a transferência de conceitos de uma área para outra. Para isso, vale diferenciar sintaxe de semântica, no sentido gramatical dos termos (o sentido original dos conceitos). *Sintaxe* diz respeito à estrutura das palavras; já a *semântica* refere-se ao sentido, ao significado das palavras.

No entanto, como já explicamos ao abordar a divisão da mensagem (ver Capítulo 1) e a teoria semiótica, o significado daquilo que vemos depende de uma superestrutura (representação, simbolismo e abstração) com pelo menos uma subestrutura (objeto, signo e interpretante), abrangendo todas as suas partes, sem faltar nenhuma. Sugerimos a você reler esse parágrafo quantas vezes for preciso, tomar notas, revisar o capítulo de representação até que o argumento fique claro para você.

Dando sequência a nossa explanação: alguns autores avançam na reflexão sobre o design da informação, fazem subdivisões da sintaxe, realizam considerações sobre subdivisões que dizem respeito à semântica e apresentam subdivisões do aspecto pragmático da informação (que está ligado à intenção de um receptor). Não há interesse nem necessidade em refutar esse tipo de abordagem; ela pode ser correta em outro contexto, mas não na linha de raciocínio que estamos desenvolvendo aqui.

Agora, convém sintetizar o conteúdo abordado até aqui (no qual refletimos sobre a informação como artefato estético e linguístico) desconstruindo a Figura 5.10, a seguir, e antecipando o conteúdo do próximo capítulo (design da informação como artefato metodológico) com um exemplo bem simples: o assobio de uma música.

Figura 5.10 – **O não rosto e a não música**

A premissa foi a da representação de um rosto familiar na forma de elementos pictóricos básicos. Conforme ilustra a Figura 5.11, para encontrar o tamanho e a localização do olho, usou-se uma linha que dividisse o círculo em dois (adotando o cânone estético que estabelece que a linha dos olhos está na metade da cabeça). Essa linha foi dividida por nove, tanto para ter um módulo localizado no centro (com cinco para um lado e cinco para outro) quanto para poder usar um tamanho análogo a que uma pupila tem em relação a um olho completo (ou seja, um terço do olho).

Figura 5.11 – **Divisão modular**

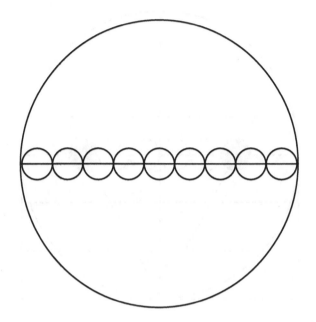

Como demonstra a Figura 5.12, para encontrar a localização da boca, dividiu-se a metade inferior por três, e a boca foi colocada na última divisão, com seu tamanho limitado por linhas que passam pelo centro do círculo. Para manter a relação por aproximação, os olhos foram aproximados para ficarem alinhados nesse mesmo eixo.

Figura 5.12 – **Divisões em terços**

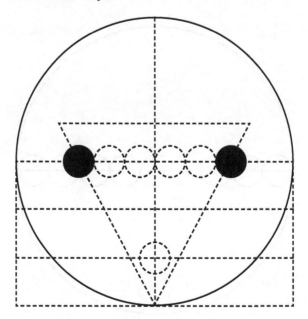

Para representar a pressão do ar que produz o assobio, a boca foi deslocada e comprimida para o lado esquerdo, ao passo que uma progressão regular de tamanho em relação ao círculo da boca demarcou onde estaria o lábio e a bochecha, projetando-se para o olho esquerdo (Figura 5.13).

Figura 5.13 – **Simulação do ar comprimido I**

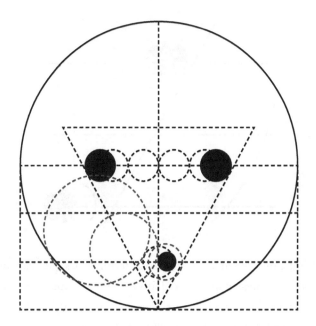

A pressão na parte inferior do olho passa a ser representada por uma deformação alinhada com a mesma deformação da boca, no mesmo sentido e na mesma direção (Figura 5.14).

Figura 5.14 – **Simulação do ar comprimido II**

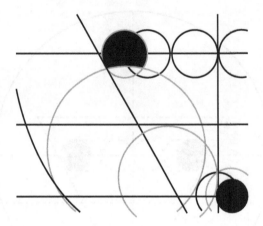

A linha que demarca o lábio tem as terminações que acabam em uma ponta, representando um efeito de sombra (que é menor nas extremidades de um volume que esteja em primeiro plano). Os dois círculos que descrevem a boca e o lábio foram distorcidos, com o objetivo de simular um círculo levemente rotacionado para a direita, reforçando a impressão de um deslocamento lateral (Figura 5.15).

Figura 5.15 – **Simulação da perspectiva e da volumetria**

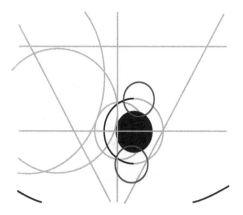

Com essas manipulações, compõe-se uma representação de um rosto soprando (Figura 5.16), que, para assoviar, precisa de uma representação muito abstrata, produto de consenso entre o signo e o interpretante: o primeiro são notas musicais, representações gráficas de uma música; o outro é o balão de fala, amplamente conhecido como a representação que indica que uma imagem está falando. Tanto um consenso quanto o outro são extremamente dependentes de um conhecimento anterior do sujeito interpretante; do contrário, eles não desempenharão seu papel sígnico.

Figura 5.16 – **Signo abstrato de um sopro**

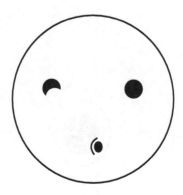

Por fim, a forma de ambos foi distorcida para transmitir alguma sensação. O balão de fala tem uma extremidade (indicada pela letra *a*) bastante angulosa e esticada para sugerir que o som vem de um ponto muito localizado e comprimido. A forma do balão tem um contorno irregular e sinuoso para sugerir ritmo, o que também é indicado pelas notas musicais. Elas foram colocadas de maneira desalinhada, com tamanhos diferentes.

Figura 5.17 – **Simulação do som**

O signo abstrato da Figura 5.18 busca condensar representações de perspectiva, de volumetria, de som e de conceitos que pertencem exclusivamente ao campo das ideias, todos reunidos em aspectos visuais.

Figura 5.18 – **Informação nos três níveis com base na organização das formas**

Aqui devemos fazer uma pergunta: Um sentido pode valer por todos os outros? Se podemos projetar as informações táteis, auditivas e gravitacionais todas na forma de um artefato visual, podemos fazer o mesmo com sons? Com aromas?

Sim, veremos que esse é o desafio corriqueiro que várias metodologias de design procuram contornar.

Figura 5.19 – **Até o próximo capítulo, em braille**[5]

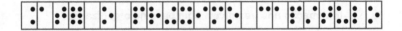

[5] Frase gerada pelo Atractor, tradutor para braile desenvolvido por Miguel Filgueiras. Disponível em: <https://www.atractor.pt/mat/matbr/matbraille.html>. Acesso em: 28 jun. 2021.

Capítulo 6

DESIGN DA INFORMAÇÃO COMO ARTEFATO PROJETUAL

Quando alguém lhe conta uma piada, você é capaz de recontá-la a outra pessoa? É incrível como guardamos na memória algo irrelevante de dois, três ou até mais minutos. E uma música? Quantas você lembra? Isso é ainda mais complexo, porque, além de memorizar as palavras, você também consegue guardar entonações, pausas e uma melodia de três a cinco minutos. Pense em quantas piadas e músicas você consegue guardar em sua cabeça sem o menor esforço. Adiante, comentaremos sobre isso. Por enquanto, façamos uma breve revisão dos capítulos anteriores.

6.1 Foco no usuário

Conforme detalhamos nas páginas precedentes, depois de cerca de 200 anos de aquecimento de discussões, dogmas, iconoclastias etc., o design chocou-se com a informatização, encerrando, aparentemente, seu próprio debate e deixando sua teoria cada vez mais distante da prática profissional.

Como resultado, muitas abordagens dessa temática apresentam certo vício de demonstrar um preconceito anterior ao próprio design, referindo que este não serve apenas para deixar as coisas bonitas, serve para resolver problemas de uso, criar produtos aprimorados etc.

Tendo passado pelos capítulos anteriores, consideremos que você já está cansado destas questões requentadas, das divisões ociosas que acham que a solução é uma coisa pendurada no céu, em uma dimensão à parte de questões estéticas e linguísticas, descolada, inclusive, da particularidade que cada problema tem.

A esta altura, já podemos perceber que o foco no usuário, em lugar do foco no produto projetado, é uma necessidade atual de cada vez mais setores da sociedade. Entretanto, não para o design da informação, pois isso já é uma discussão amadurecida, uma urgência reconhecida por muitos intérpretes ao longo do século XX.

Bom, um sintoma do intento de "reinventar a roda" é a adoção de termos novos para designar coisas que já existem. Por exemplo, no meio da década de 2000, teve início um uso exagerado do termo *design thinking*, que é a aplicação de certas técnicas provenientes do design à administração e a outras áreas de conhecimento.

O interessante é que o *design thinking* começou a ser visto por designers como uma grande novidade, algo a que eles nunca tiveram acesso. Não queremos nos estender nessa crítica, mas gostaríamos de falar da emergência de dois outros termos de natureza mais legítima: (1) *designer user interface* (UI) e (2) *designer user experience* (UX), que, cada vez mais, vêm se tornando atividades à parte, com um corpo teórico que está adensado por estudos de interação humano-computador.

Projetar a interface, conhecer e até mesmo criar uma experiência para o usuário passou a ser uma preocupação multidisciplinar, que afluiu para as águas represadas da teoria do design e agora já transborda novamente para a realidade profissional.

Já ouvimos algumas descrições apaixonadas de uma "renascença" do design, mas não cheguemos a tanto, por favor; afinal, o renascimento nas artes é um período muito bem estabelecido e estudado, que não serve para enfeitar um argumento passional. Todo o contexto histórico sobre o design (tal como se define contemporaneamente) aconteceu praticamente ontem, então, no máximo, estamos vendo uma hospitalização depois do choque do design com a informatização.

O design centrado na interação (na interface) e na experiência de uso é todo o trabalho de um designer, embora ele possa não saber. É assim desde a Idade Média, quando o sapateiro precisava fazer sapatos adequados aos pés que o calçariam, passando pelos impressores que tinham que criar um sistema tipográfico compatível com a reprodução em escala, e chegando até o programador, que precisa compor sistemas que funcionam em computadores para, em seguida, fazer essas máquinas se adequarem à linguagem de um ser humano. Isso porque o dado se transforma em informação (ver Capítulo 1) quando é processado pelo usuário (ver Capítulo 5).

Se você é designer, ou aspira ser, deve dar conta das mediações entre artefatos e usuários, embora possa ter êxito ao escolher algum caminho mais difícil, uma abordagem que siga outra direção.

Por falar em direções, você se lembra do mapa projetado por Harry Beck que mostramos no Capítulo 1? Esse artefato apresenta um design tão bom que quase 100 anos depois continua sendo um exemplo exitoso, pois estabelece uma interação muito consistente e informativa. O fato de usar ângulos complementares (ver Capítulo 4) e entrelinhamento bem definido entre quebras de linhas e de "parágrafos" (ver Capítulo 3) são providências laterais, preocupações com princípios estéticos, subordinadas a recursos e limitações da linguagem (ver Capítulo 5) para realizar uma ponte entre a informação e o usuário.

Quando lidamos com artefatos informativos, focar no usuário envolve considerações simultâneas de muitos assuntos para definir os problemas, os objetivos, as tarefas e tudo o que cerca a experiência.

O trabalho do designer da informação não é eliminar a complexidade, mas manejá-la e, para isso, é necessário desenvolver uma prática investigativa, reunir critérios para avaliar e aprimorar a apresentação da informação enquanto ela é produzida.

O diretor Jean-Luc Godard adotava uma forma bastante particular ao realizar seus filmes, fazendo o roteiro e as filmagens de uma maneira retroalimentadora (o famoso escrever para filmar, filmar para escrever). Para projetar a informação, precisamos, necessariamente, da terceira parte que constrói o significado, que interpreta o dado e o transforma em informação: o usuário.

Lembre-se de que um signo depende de um equilíbrio dinâmico no qual o sujeito interpretador é indispensável. Pela observação e pelo teste de uso, aperfeiçoamos o projeto para voltar a testá-lo, obtendo, assim, melhores resultados.

Projetar para usar, usar para projetar. E quando convém voltar à prancheta? Qual parte do projeto devemos retomar quando se apresenta um mau resultado? Aliás, o que é um mau resultado? É preciso desenvolver critérios, previsões e variáveis que direcionem as avaliações de uso às soluções mais adequadas. É preciso lançar mão de critérios passíveis de medir.

Claro que existem diferentes naturezas de projetos de design da informação, alguns não precisam ser tão inovadores a ponto de necessitar de testes, mas, de qualquer modo, sempre é necessário recorrer a outros resultados de testes anteriores para identificar quais são as melhores práticas para projetar a informação.

As suposições e as crenças que nos levam a acreditar que conhecemos as necessidades dos usuários ignoram a síntese de tudo o que dissemos até aqui: transformar dados em informação é um processo de uso, de interação; e os fatores que influenciam essa interação estão conectados às capacidades e ao contexto em que o usuário é exposto a eles. Alguns desses fatores são mensuráveis e podem ser submetidos a critérios de avaliação acessíveis a um rigor investigativo.

Antes de medir e analisar os diversos fatores que levam o usuário a transformar dados em informação, vale retomar a pergunta que fizemos na abertura deste capítulo, sobre sua habilidade de lembrar de piadas e músicas. Parece impressionante, mas temos certeza de que você já esteve diante de um filme por alguns minutos até perceber que já havia assistido a ele. Provavelmente, você também já ficou bastante tempo diante de uma geladeira aberta tentando recordar o que estava procurando, mesmo esse item estando bem na sua frente.

Bom, vale comentar, então, como tantas coisas entram em nossa memória e como algumas insistem em sair.

6.2 Entrada de dados na mente humana

No capítulo anterior, referindo-nos à visão, perguntamos se um sentido pode "falar" pelos outros. Antes de mais nada, vale identificar quais são as outras entradas de dados que nossa percepção sensorial tem, já que as sensações são as partículas mais simples da informação e, portanto, as mais fáceis de medir.

Alguns podem dizer "Ok, já sei que não são só cinco sentidos, temos seis sentidos, contando com o sentido de equilíbrio". De fato, a sensação de equilíbrio é considerada um sentido (tratamos parcialmente disso quando comentamos sobre os efeitos objetivos e subjetivos da gravidade), porém não são apenas seis os sentidos disponíveis para a entrada de informação, e sim vinte e seis (enquanto não se descobrem mais), divididos em sete grandes sistemas, a saber:

1. visual;
2. olfativo;
3. do paladar;
4. auditivo;
5. somatossensorial;
6. vestibular (equilíbrio);
7. de propriocepção (posição relativa).

Diante de tantas possibilidades, temos a sorte de nossa comunicação se restringir a apenas quatro modalidades de entrada prevalecentes para o design da informação, são elas: (1) visual, (2) auditiva, (3) háptica e (4) interação multimodal.

A atenção do usuário tem certos limites e precisa ser modulada em diferentes pedaços, dividindo tarefas maiores em grupos de tarefas menores e coerentes entre si (lembre-se: não é para eliminar, mas sim processar a complexidade). Detalharemos a seguir cada modalidade e como elas podem ser avaliadas e mensuradas.

6.2.1 **Modalidade visual**

Mais de 40% de nosso cérebro envolve-se em processamentos visuais. Isso não condiz, necessariamente, com a faculdade mecânica dos olhos de captar a luz e a transformar em impulsos elétricos; trata-se do exercício de visualização, imaginação, construção imagética que fazemos em nossas memórias, o que é feito também por pessoas que não enxergam.

A extensão angular de nossa visão já foi abordada no Capítulo 4: a preferência pelas abrangências horizontais e o espanto pelas dimensões verticais (observe o formato do olho humano e o de um peixe e você terá uma pista do trajeto normal que uma informação costuma fazer em nossos olhos).

Outra consideração mensurável com testes simples é a distância de visualização, o que envolve a legibilidade. Um parâmetro nesse aspecto é o campo de visão específica, no qual há um maior investimento da atenção por parte do usuário. Isso está diretamente ligado à acuidade visual (a habilidade espacial de identificar a forma e o contorno dos objetos).

No Capítulo 5, informamos que a visão central humana é fotópica, ou seja, tem maior concentração de microestruturas chamadas *cones*, que apresentam grande sensibilidade às diferenciações mais sutis de cores e contrastes, ao passo que a visão periférica é escotópica, isto é, tem maior concentração de microestruturas chamadas *bastonetes*, mais sensíveis às alterações de luminosidade e, portanto, mais adequadas à visão noturna e à captação de movimentos.

A concentração da atenção deve ser orientada ao estímulo da visão fotópica, já que é aí que as tarefas conscientes estão mais confortavelmente compreensíveis. Os conteúdos audiovisuais, por sua vez, podem utilizar mais a periferia do suporte, uma vez que esse meio pode usar conteúdos em movimento.

Levar em consideração a natureza restrita que a atenção visual tem (por questões meramente anatômicas) pode auxiliar o designer na escolha da distribuição de blocos de informações, nos quais o que está no centro precisa ser mais detalhado e estático, e o que está nas bordas precisa ser mais simplificado e dinâmico.

A intensidade do detalhe, da resolução, da velocidade dos elementos (lembre-se do Capítulo 4: imagens paradas também podem dar a ilusão de movimento), obviamente, é decidida com base na distância do usuário em relação à informação. Isso reforça as considerações sobre a acuidade visual e demonstra a necessidade da testagem de novos parâmetros que possam ser implementados (se os parâmetros não são novos, recomendamos consultar os testes que validaram os parâmetros atuais). No que diz respeito às cores, o que pode ser ensinado aqui se restringe às três dimensões da cor e suas relações mais básicas (o círculo cromático). Vamos às dimensões:

1. **Matiz** – São os diferentes tons que estimulam a percepção de uma mesma cor (azul anil, azul celeste e outras variações de tom são percebidas como azul).

2. **Luminosidade** – É a quantidade, ou melhor, o valor de luz que cada cor pode ter, variando em uma escala próxima ao branco em uma ponta e uma escala próxima ao preto em outra. Atenção: próxima, não igual. Adicionar preto ou branco a um matiz não vai escurecê-la, vai deixá-la apenas mais cinza e sem intensidade, em outras palavras, um matiz impuro.

3. **Saturação** – É justamente o grau de pureza de uma cor. Quando muito saturada, reflete sua mistura de luz correspondente, sem interferência de outros matizes e/ou luminosidade.

Na Figura 6.1, podemos perceber estas dimensões e o modo como elas se relacionam. De maneira resumida, as cores que estão adjacentes no sentido circular (vizinhas) são as cores análogas, que, apesar da diferença do matiz, não são incoerentes entre si (consequentemente, têm baixo contraste). Já as cores que são adjacentes, no sentido da periferia ao centro, são as monocromáticas, que não guardam diferença alguma no matiz, mas alteram a intensidade de sua saturação (e não da luminosidade como algumas interpretações equivocadas podem dizer). No caso da complementação, aí sim temos uma relação entre diferentes matizes, que será tão contrastante quanto diametralmente oposta for no círculo, apresentando o contraste máximo.

Figura 6.1 – **Círculo cromático**

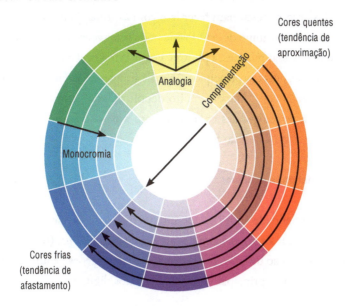

É nessa relação que podemos produzir alterações de luminosidade, pois a mistura de duas cores totalmente complementares resulta em uma cor preta. De tal modo, se você quiser escurecer um azul, deve adicionar pequenas doses de um laranja que esteja posicionado no lado oposto do círculo, em uma casa cromática inversa. No entanto, se você quiser produzir um contraste funcional para leitura, é preciso alternar as casas cromáticas (se um matiz está na periferia, o outro deve estar próximo do centro) sempre atentando-se às relações de objeto principal e seu fundo, pois as cores quentes tendem a se aproximar do observador, ao passo que as frias tendem a se distanciar.

Portanto, se for preciso destacar uma informação, a melhor maneira de fazer isso é colocando um objeto de cor quente em um fundo frio (as árvores costumam fazer isso com as frutas, já notou?)

Existe um campo de estudo que pode fazer você avançar na compreensão dessas relações, a pintura. Pegue um pincel ou o *software* de sua escolha, pois tais princípios são mais simples de serem aprendidos do que ensinados. Depois, muito depois de você praticar, procure estudar a psicologia das cores, mas com a desconfiança crítica que discutimos no Capítulo 5.

6.2.2 Modalidade auditiva

A modalidade auditiva, que integra o sistema somatossensorial, talvez seja a mais importante no que se refere ao *feedback* (reposta que o artefato dá ao usuário) de informações e interações de um usuário como um todo, principalmente em artefatos digitais.

Essa modalidade pode ser dividida em dois tipos: (1) notificadores ou sons simbólicos, como o de triturar um papel quando você joga um item na lixeira de seu *desktop*; e (2) *feedbacks* sonoros mais longos. Como obviamente não vamos falar de música, o parâmetro mais importante a medir é a intensidade ou a amplitude do som, ou seja, a quantidade de energia sonora emitida. É mandatório saber quais são os níveis de decibéis tolerados, qualquer coisa acima ou abaixo disso precisa ser submetida a um teste mais ou menos minucioso, a depender do desvio recomendado. Por exemplo, abaixo de 30 decibéis é tão baixo quanto um sussurro; já 110 decibéis é como estar em um *show* de *rock*.

Além da amplitude, o tom, o timbre e a direcionalidade, ou seja, de onde vem o som, são parâmetros que influenciam a compreensão da informação. Por exemplo, é sabido que alarmes muito altos acabam assustando os usuários e prejudicando sua experiência (muitas vezes, a buzina de um carro pode paralisar o pedestre em vez de colocá-lo em movimento de alerta); por isso, outras técnicas podem ser usadas para transmitir as emergências, como a repetição e o contraste de diferentes sons.

Sons curtos e contínuos têm grande diferença na manipulação da atenção, pois quanto mais se dilui o som em um longo intervalo de tempo, mais ele tende a fazer com que o indivíduo se habitue, tornando-se confortável e/ou sendo ignorado, a depender do contexto. Uma estimulação de alto impacto quase sempre é mais curta e indica um período específico no tempo.

6.2.3 Modalidade háptica

Percepção háptica é um pouco mais abrangente do que designamos como *tátil*. A modalidade háptica é ligada à textura, à temperatura e ao atrito dos materiais, mas também ao *feedback* de pressão, de vibração e de movimento relativo.

É uma entrada de dados muito poderosa, porque pode ser decodificada por meio de estímulos mínimos, com um acesso direto a funcionamentos automáticos de nossos reflexos (ao nadar em um mar ou um rio, você já tomou um susto ao sentir um mínimo deslocamento de água em seus pés, indicando que um objeto ou animal se aproxima? Percebe o quão sutil é esse estímulo?).

Todo o corpo é sensivelmente háptico, mas as pontas dos dedos são as partes mais sensíveis de interação dessa modalidade: elas podem detectar coisas com cerca de 40 micrometros de tamanho.

A frequência de vibração que podemos detectar está em um intervalo de 100 a 300 hertz, sendo a percepção confortável de 250 hertz. O limiar mínimo de pressão que podemos sentir é de 1.000 newtons por metro quadrado $[N/m^2]$ (para a ponta do dedo isso equivale 0,02 N). O limiar máximo é difícil de medir, mas também raramente será necessário impor ao usuário uma pressão muito grande (já que, nessa modalidade, os menores estímulos já são suficientes para produzir uma rápida resposta do usuário).

Figura 6.2 – **Realidade virtual**

Figura 6.3 – **Interação por meio de gestos**

As aplicações dessa modalidade ainda estão muito restritas a *smartphones* e jogos. De qualquer modo, a tendência de crescimento das tecnologias de simulação, realidade aumentada e virtual (e mesmo de interfaces voltadas a pessoas com limitações motoras ou com dependência para atividades motoras específicas, como no caso de quem usa a linguagem dos sinais) sinaliza um campo fecundo de futuras inovações.

6.2.4 Interação multimodal

A interface multimodal pode ser útil, mas não deve, necessariamente, ser aplicada em qualquer situação. As modalidades de entrada de estímulos são diferentes e podem ocorrer simultaneamente, o que não significa que o processamento da informação seja multitarefa; todos os dados quase sempre desembocarão em um mesmo cérebro. Se o artefato em questão oferecer a possibilidade de interagir com o usuário em diferentes modalidades, ele deve ser projetado de maneira que não sobrecarregue o processo de uso.

Claro que isso não é exatamente o que ocorre. É cada vez mais comum escutarmos músicas enquanto trabalhamos com mais de um monitor. Projetar com foco no usuário quase sempre pressupõe um sujeito que já está sobrecarregado cotidianamente.

Assim, projetar a interação multimodal não serve para você aplicar mais estímulos – ao mesmo tempo – ao usuário. Na verdade, o propósito é desacelerar o fluxo de estímulos, que podem trafegar por caminhos mais diversos de uma maneira mais eficiente ou, ainda, oferecer modalidades alternativas para que o usuário transforme os dados em informações, da maneira que ele julgar mais adequada, respeitando suas limitações particulares. A multimodalidade pode ocorrer de maneira complementar, redundante e alternativa.

A **interface complementar**, pode ser usada por meio de canais distintos, empregando uma mesma finalidade, por exemplo, um *feedback* auditivo e visual para indicar que você tem uma nova chamada em seu celular, além de indicar informações de quem ligou. Nesse caso, duas modalidades se complementam ao mesmo tempo que se moderam (a notificação não precisa ser um estrondo de um trovão, nem um *flash* de um relâmpago). Essa moderação é uma forma de dividir a tarefa informativa em tarefas menores, além de contemplar mais contextos de uso (se você está em um lugar muito barulhento ou se tiver alguma dificuldade auditiva, pode ser informado por meio de um *feedback* luminoso).

No caso de disponibilizar alternativas para diferentes limitações, a **interface redundante** pode ser de grande ajuda, uma vez que o ser humano aprende por repetição. Registre-se que a repetição multimodal diversifica essa experiência ao ponto de que a entrada dos dados não aborrece tanto quanto se fosse interpretada como a mesmíssima coisa sendo repetida.

Agora, para que a interface seja adequada conforme as opções do usuário, deve-se disponibilizar a **multimodalidade alternativa**, de modo a permitir que ele decida se prefere interagir visual, auditiva ou hapticamente com o artefato. Uma recomendação para se aprofundar no assunto é a leitura de artigos do designer de interfaces Rian Dutra[1]; vale a pena acompanhar seus ótimos textos sobre cognição humana e design de interfaces.

---

1 Para mais informações, visite <http://designr.com.br/>.

6.2.5 Memória

Nas sessões anteriores, elencamos as modalidades sensoriais a que o usuário está submetido e que estão ao alcance da análise de um designer. Lembra-se do exemplo de procurar uma coisa na geladeira que está bem diante de você? Pois bem, claramente, a solução não é jogar parte da comida dela fora, assim como o êxito do usuário na compreensão dos dados não se resume a recortar conteúdo. É preciso distribuí-lo nos lugares em que os sentidos sondam com mais naturalidade, tomando partido da incrível habilidade – que já vem de fábrica – que nossas mentes têm de hierarquizar padrões, além de apostar no repertório linguístico que todos os seres humanos têm. Em síntese, a ideia é se valer da inteligência do usuário.

Aliás, sobre essa aposta, cuidado com a arrogância condescendente de julgar o usuário como um inexperto, mesmo que ele tenha alguma limitação educacional, cognitiva, sensorial, entre outras. Simplificar, subtrair o conteúdo é tão absurdo quanto esvaziar uma geladeira para que ela possa ser usada mais rapidamente. Por outro lado, colocar todas as comidas e bebidas amontoadas com carnes e frutas no centro de uma prateleira na altura dos olhos do usuário é outra face do mesmo absurdo. Nenhuma dessas medidas respeita o usuário, converge logicamente com suas tarefas ou resolve algum problema.

Atenção e experiência

O esforço da consciência está na tarefa da atenção, a qual temos que identificar, não para explorá-la ao máximo, mas para medi-la, aprimorá-la e depositar o que realmente é significativo nesse ponto, deixando o resto dos dados na periferia da atenção.

Esse é um gesto de suavidade, uma forma de levar o usuário a controlar a quantidade e a intensidade da informação que ele produzirá ao decodificar a resultante de seus sentidos. Identificar um ponto focal e acumular todos os dados possíveis nele é uma forma de agredir o usuário, de exigir dele mais esforço do que o necessário. Quanto maior for o esforço de aprendizagem, pior será a experiência do usuário. Portanto, ao fazer um artefato, é preciso se perguntar: Qual o esforço cognitivo para desempenhar uma tarefa? Em que modalidade sensorial ela se concentra? Qual é o caminho que a experiência do usuário percorre para se informar com êxito?

Para isso, é preciso definir o erro, o êxito, o tempo, os recursos e os critérios particulares que ajudam a avaliar a interação. Cada situação sempre será um caso particular, mas podemos estabelecer duas premissas gerais:

1. a repetição de uma tarefa leva a uma eficiência crescente no tempo;

2. a repetição de grande concentração leva a uma fadiga crescente no tempo.

A atenção é um processo que consome energia, da mesma forma que ficar em pé. Quando você fica em pé por um longo tempo, instintivamente reage balanceando o esforço entre um lado e outro do corpo, contraindo e relaxando músculos adjacentes de maneira alternada, e, conscientemente, busca pontos de apoio.

Da mesma maneira funciona nossa atenção: ela se alterna entre uma modalidade e outra para utilizar a energia com eficiência enquanto buscamos conhecimentos já bem exercitados para nos apoiar. Nossa memória não é feita de pontos, mas de conexões entre diferentes modalidades coerentes entre si, seja por sua estética, seja por sua linguagem.

Experiência e aprendizagem

A relação cartesiana entre aprendizado e experiência, em situações normais, descreve quase sempre um mesmo padrão, conforme demonstrado no Gráfico 6.1: de crescimento mais lento no princípio (a zona de maior esforço), com uma evolução mais rápida, a qual é interrompida por uma estabilização, um platô, considerando o tempo como um critério de evolução (Anzanello; Fogliatto, 2007). Esse padrão pode se sobrepor, pois uma informação é passível de ser dividida de várias formas, permitindo que sucessivas curvas sejam associadas.

Gráfico 6.1 – **Curva de aprendizado**

Já o Gráfico 6.2 ilustra como a interpretação sempre dependerá do contexto de uso e do objetivo que o usuário deve atingir. Nele, é possível ver três diferentes curvas de aprendizado, representadas pelas linhas vermelha (a), verde (b) e azul (c). A vermelha (a) atinge um platô em um espaço de tempo intermediário, alcançando um índice maior de aprendizagem. A verde (b) é mais instável, não chegando a delinear um platô em um mesmo intervalo de tempo. A azul (c), por sua vez, evolui mais rapidamente, mas repousa em um platô de aprendizado mais baixo.

Gráfico 6.2 – **Três exemplos de aprendizagem**

Quem teve mais êxito? Bem, isso depende dos critérios que serão utilizados para analisar os resultados. Em um intervalo de tempo conhecido, a interação *a* chegou a um platô mais alto de aprendizagem, com um esforço menos intenso do que a interação *c*. Por outro lado, a interação *b* distribuiu o esforço de uma maneira mais homogênea, indicando uma tendência à formação de um segundo platô, mais alto que os demais.

É recomendável, diante disso, definir que tipo de curva indica o êxito da interação do usuário com a informação para usar essa relação como uma ferramenta comparativa, que vise diagnosticar o esforço que o usuário precisa empregar para interagir com o artefato.

Por um lado, o uso contínuo das informações já produzidas em nossa memória reduz o esforço do crescimento inicial da curva; por outro, pode gerar uma resistência a inovações, descartando os recursos que o usuário já tem. Esse equilíbrio de recorrer a algo novo e impactante ou aproveitar o que já é familiar e exercitado é uma decisão projetual que precisa pender, quase sempre, para o lado do que já foi aprendido, mas que pode ser direcionado gradativamente ao novo, de acordo com os recursos que o contexto de uso disponibiliza. Nem toda interação precisa ser fácil, mas toda dificuldade deve ser administrada.

Em síntese, a inovação é importante, mas precisa ter um propósito que realmente resolva algum problema, tendo a faculdade de alcançar um platô em um ponto mais ou menos conhecido no tempo. É preciso ter em conta que a inovação consome muitos recursos do usuário (sem falar nos custos financeiros da implementação).

Descrever o fluxo da tarefa do usuário também é indispensável para compreender, de maneira clara, o trabalho que será desempenhado por ele. O recurso mais importante no contexto de uso é o tempo disponível para o usuário interagir com o artefato: é ele que definirá a complexidade do projeto e as providências a serem tomadas na primeira evolução da curva, na qual há, potencialmente, a maior quantidade de esforço da atenção e a maior possibilidade de nenhum platô ser atingido, uma vez que, em um tempo mais curto, exige-se uma repetição por meio de interações multimodais, aliadas ao repertório anterior do usuário e a sua memória de curto prazo.

A capacidade média da memória de curto prazo de um ser humano é de 5 a 9 blocos de informações durante uma tarefa. Ultrapassado esse limite, a tendência é que os novos blocos sobrescrevam os antigos. Contudo, embora a quantidade de blocos seja limitada, a quantidade de dados dentro de cada um deles pode surpreender. É possível manter uma quantidade menor de blocos de dados ou ampliar os dados de cada bloco com base na consistência que eles tenham entre si.

É por isso que você consegue reproduzir mais facilmente uma piada que acabaram de lhe contar do que memorizar a data de aniversário de seu vizinho: a piada tem uma estrutura, um encadeamento de causa e consequência que lhe permite aplicá-la em um bloco de dados de tamanho considerável; por outro lado, a depender de seu vizinho, pode ser dificílimo prestigiá-lo e guardar essa data em sua memória. Todavia, se o aniversário dele coincidir com a chegada da correspondência da fatura do cartão de crédito, que você não pôde pagar por causa do poste que despencou em sua caixa de correio depois que um carro bateu nele por causa do susto que o motorista tomou com o eclipse solar que acabou de ocorrer, que só se repetirá daqui a 200 anos, fica mais fácil, certo?

O espaço que uma informação ocupa dentro de um bloco será tanto menor quanto maior for a relação dos blocos secundários dentro dele. A memória não depende de espaço, mas de consistência interna. Quando existe uma ausência de consistência, existe também maior probabilidade de o usuário investir muita energia sem conseguir produzir a informação que o artefato deve transmitir.

6.3 O design da informação cabe em uma metodologia?

O Capítulo 2 encerrou-se em uma seção intitulada "Design da informação: é possível ensiná-lo?" não por mero artifício retórico. Em verdade, trata-se de uma questão que ganha cada vez mais destaque em uma sociedade que agiganta seus problemas com uma velocidade altíssima, acelerada justamente pela crescente complexidade da informação.

Tentar projetá-la e compreendê-la parece tão fácil e, ao mesmo tempo, tão difícil quanto perseguir a própria sombra. Mas ao olhar no retrovisor, vemos algumas pistas de que o design esteve se preparando para esse momento.

Freitas, Coutinho e Waechter (2013) realizaram um trabalho muito interessante, que merece ser consultado na íntegra: os pesquisadores reuniram 54 estudos para investigar os mais diversos olhares sobre metodologias projetuais de design, separando diferentes metodologias em três grandes grupos: (1) design gráfico, (2) design de produto (que eles escolheram chamar de *design industrial*) e (3) design da informação.

No Quadro 6.1 podemos ver a organização do grupo de metodologias do design da informação.

Quadro 6.1 – **Metodologias de design da informação**

Autor/ Fase	REDISH (2000)	REDISH (2000)	SIMLINGER (2007)
1	**Plano de informação** 1. Quais seus objetivos? 2. Quem vai usar? 3. Como vão usar? 4. Onde vão usar? 5. Que informação eles precisam?	**Escopo ou delimitação** Identificar o contexto socioeconômico e político, restrições legais, regulamentações e técnicas a se levar em consideração quando se projeta, tal como as definições de requisitos de desempenho para a informação.	**Compreensão do tema e seu valor para o usuário** 1. Desbloquear a informação que precisa ser projetada. 2. Se familiarizar com o significado da informação e o ambiente onde ele pretende ser apresentado/divulgado, permite uma melhor compreensão do propósito da informação.
2	**Plano de projeto** 1. Cronograma 2. Orçamento 3. Time de produção 4. Padronização de estilos 5. Exercício de usabilidade 6. Outros problemas	**Diagnóstico e análise** Diagnosticar e analisar erros para descobrir como a informação existente está funcionando em relação aos requisitos de desempenho acordados e definidos na fase de delimitação.	**Compreender os usuários** 1. Definir o usuário(s), através de métodos apropriados, como observação, entrevistas e desenvolvimento de personas. (controladas em laboratório e na vida real) 2. Desenvolver cenários onde "personas" realizam as atividades/ações que a informação deveria facilitar 3. Estar ciente de que as atividades nunca existem isoladamente, sempre existe um antes e um depois, deve-se considerar a "corrente de atividades."

(continua)

(Quadro 6.1 – continuação)

Autor/ Fase	REDISH (2000)	REDISH (2000)	SIMLINGER (2007)
3	**Seleção de conteúdo/ Organização de páginas** 1. Coleta de informações 2. Seleção de conteúdo 3. Organização do material 4. Preparação da estrutura 5. Plano de layout de cada página ou tela 6. Teste de organização do material com os usuários 7. Revisão baseada em teste de usabilidade	**Projeto** Usando gráficos apropriados, tipografia, *layout*, cores, linguagem e estrutura para que a informação seja apresentada com nível superior à fase de análise.	**Proposta ou estratégia** 1. O infodesigner está pronto para fazer a sua proposta que delineia o resultado a ser alcançado, onde padrões técnicos e legais devem ser ressaltados, e quanto tempo e dinheiro será investido. 2. Definir objetivos.
4	**Esboço e teste** 1. Geração de esboços 2. Produção estética 3. Trabalhar com texto e imagem 4. Teste de esboços com os usuários 5. Revisão e complemento 6. Revisar a eficácia da informação 7. Melhorar consistência e usabilidade 8. Revisão 9. Novo teste de usabilidade com os usuários (repetir até que o documento esteja finalizado e funcionando para os usuários)	**Teste** Testar, analisar e diagnosticar como a nova informação está funcionando em relação aos requisitos de desempenho acordados e definidos na fase de análise e delimitação.	**Projeto** 1. Composição da informação utilizando elementos verbais, pictóricos, acústicos, hápticos e/ou olfativos, que são moldados, e estruturados de acordo com os princípios da psicologia cognitiva e perceptiva. 2. Definição, planejamento e modelação do conteúdo da mensagem e dos ambientes em que ele será apresentado.

213

(Quadro 6.1 – continuação)

Autor/ Fase	REDISH (2000)	REDISH (2000)	SIMLINGER (2007)
5	**Produção final** 1. Nova revisão 2. Saber qual tecnologia é necessária antes do lançamento 3. Produção e lançamento	**Redefinição** Usando gráficos apropriados, tipografia, *layout*, cores, linguagem e estrutura para remover erros nas informações para que ela haja com nível superior à fase de análise.	**Avaliação** 1. Os objetivos das tarefas relacionadas com a transferência de conhecimento foram alcançados? Renderam o efeito desejado? 2. Utilizar *insights* da psicologia cognitiva para conduzir entrevistas com usuários, aplicar métodos de avaliação, e saber interpretar os resultados. 3. Teste de conceito, grupo focal, teste de usabilidade, design participativo e teste de design.
6	**Processo contínuo** 1. Colhendo *feedback* 2. Usando *feedback* para revisão 3. Manter atualizado	**Implementação** Assegurar que os desenhos finais são fielmente implementados na produção, com a aprovação de todos os interessados.	**Refinamento e implementação da informação** 1. Com base nos *insights* adquiridos através dos testes: otimizar o conteúdo do design, considerar alternativas ou identificar obstáculos que podem ser superados com uma mudança de direção. 2. Posteriormente ajudar na implementação do design(s) e, se necessário, realizar ajustes e modificações em resposta a mudanças de requisitos.

(Quadro 6.1 – conclusão)

Autor/ Fase	REDISH (2000)	REDISH (2000)	SIMLINGER (2007)
7	–	**Monitoramento** Medição para garantir que o desempenho da informação é mantido durante toda a sua utilização.	–

Fonte: Freitas, Coutinho e Waechter, 2013, p. 10-11.

Como dissemos, vale a pena consultar o trabalho na íntegra, mas muito mais do que uma descrição de diferentes estratégias de design, os autores chegam a uma interessante síntese que nos permite especular que todas as metodologias de design se sofisticaram para projetar a informação.

Perceber a semelhança entre a produção de uma bicicleta, luvas de *boxe*, cartazes de cinema e *games* de celular indica que o design da informação não é uma ramificação do design, mas sim uma convergência de todos os outros ramos da disciplina.

Cnnsjderações
(final)

Considerações
finais

Nesta obra, percorremos um longo trajeto histórico, avançando em nossa abordagem ou retomando problemas de *big data*, reflexões da antiguidade clássica e princípios da primeira era industrial. Em meio a isso, apresentamos questões da história da matemática, da semiótica, das fundações pedagógicas do design e de muitos outros assuntos que residem no escopo do design da informação. E por que não nos restringimos ao objeto de análise desta obra? Não buscamos definir design, muito menos design da informação, nem adotar, de maneira fixa, uma divisão entre emissor, mensagem e receptor; optamos por contemplar a multiplicidade, inclusive com abordagens teóricas contraditórias entre si. Por isso, versamos com bastante segurança sobre o passado, mas com cautela no que se refere a questões contemporâneas; fomos resistentes a conceitos como *informação pragmática* e outros termos mais atuais sobre o tema. Aliás, se você, leitor, julgar necessário, elabore suas próprias definições, mas o faça constantemente, pois tais conceitos são plásticos, basta surgir uma nova geração tecnológica para tudo mudar.

Para não adentrarmos em uma arqueologia da aprendizagem, aqui nos limitaremos a comparar o perfil de um estudante/trabalhador do início do século XX com um do século XXI. Por muito tempo, o estudante/trabalhador precisava armazenar uma grande quantidade de dados e aprender a aplicá-los em atividades específicas, que eram mais bem executadas conforme o nível de especialização dos dados requeridos em uma função.

Nestas primeiras décadas do século XXI, o ensino formal continua replicando essa lógica, mesmo em universidades, que ainda sofrem com a influência de tradições que remontam ao século XIV (sim, a universidade é uma instituição da Idade Média). Hoje, a capacidade de armazenar dados e a habilidade de conhecer um tema específico são relativizadas diante do fato de todos os dados – pelo menos aqueles que se aprende em uma escola – estarem ao alcance de qualquer pessoa conectada à internet.

A especialização é algo cada vez mais "robotizável". Isso extrapolou em muito as máquinas que fazem a função de apertar parafusos; a realidade atual envolve algoritmos capazes de desempenhar funções de contadores, advogados e médicos.

Ser uma pessoa bem-informada não vale tanto quanto no tempo de nossos pais e avós. Hoje, o que realmente qualifica a inteligência e as habilidades de um indivíduo é a capacidade de colher informações e, com base nelas, produzir algo novo. Isso significa que antes de aprender a fazer, é preciso aprender a aprender, e mais: aprender a ensinar, porque quem não sabe trabalhar em grupo simplesmente não sabe trabalhar.

Esse cenário impõe diversas variáveis em nossas atividades e experiências, exigindo estratégias flexíveis, que possam responder rapidamente a novos desafios, proporcionar autocorreção e alteração de rumos enquanto é aplicada. Não é fácil avaliar a estratégia que será bem-sucedida, mas é notório que um plano rígido, baseado em previsões fixas, tenderá ao fracasso.

Se a improvisação não for permitida, se o pensamento crítico for interditado por regras absolutas, essa estratégia será apenas uma descrição, e não uma metodologia realmente aplicável. O processo de design da informação é, cada vez mais, um trabalho experimental, que confronta os conhecimentos adquiridos com uma prática empírica, objetivando originar novos conhecimentos e novas práticas. Agora é com você. Esperamos que aproveite o conteúdo destas páginas e o aplique à sua maneira.

Bibliografia
comentada

Recomendamos, aqui, a leitura de três obras, uma técnica, uma psicológica e outra que não cabe em só um subgênero (em uma livraria, ela estará na estante de design, em alguma posição bastante visível), respectivamente. Essas obras têm os fundamentos mais densos e basilares para a aprendizagem do design da informação (um design que sempre vai considerar o usuário): a tipografia, a usabilidade, a cultura e a sociedade. Também disponibilizam as ferramentas iniciais para que você desenvolva o senso crítico necessário à leitura de livros como *Não me faça pensar*[1] e outros textos parecidos.

BRINGHURST, R. **Elementos do estilo tipográfico**: versão 3.0. Tradução de André Stolarski. São Paulo: Cosac Naify, 2005.

Esse livro é o cérebro e o coração do que se precisa aprender em design, não somente o tipográfico e o gráfico, mas o processo de mediação entre um artefato e um usuário, permitindo soluções testadas ao longo da história.

O autor, além de ser tipógrafo e impressor (ou seja, conhecedor da cadeia de produção de um livro), é um ótimo poeta, o que proporciona prazer na leitura e o credencia em uma camada a mais na cadeia tipográfica, na experiência mais avançada e subjetiva numa relação com o leitor.

Os temas concernentes à linguagem são brilhantemente demonstrados nessa obra, já que ele reparte os elementos do estilo em categorias musicais, como ritmo, harmonia, cadência etc.

---

1   O título infeliz é bastante fiel às premissas do livro (KRUG, S. **Não me faça pensar!**: uma abordagem de bom senso à usabilidade na web. Tradução de Acauan Pereira Fernandes. 2. ed. Rio de Janeiro: Alta Books, 2008.). Não significa que ele seja de se jogar fora, mas antes de entrar em contato com coisas assim, alimente a crítica mais severa possível por quem não aposta na inteligência do usuário.

Com o auxílio de recomendações e ferramentas que podem ter mudado de nome (troque estrutura ou *grid* por *wireframe* que você conseguirá compreender os três conceitos tanto pela semelhança quanto pela distinção entre eles).

Desse modo, você pode aprender a projetar a legibilidade de qualquer artefato com soluções muito antigas, por mais inovador que o problema pareça.

NORMAN, D. A. **O design do dia a dia.** Tradução de Ana Deiró. Rio de Janeiro: Anfiteatro, 2006.

Esse livro é fundamental para compreender a cultura material e os olhares inconscientes que desenvolvemos ao usar coisas, especialmente na sociedade de consumo que se desenvolveu em meados do século passado e que, hoje, se tornou um grande desafio para todo o mundo.

Coisa não é um termo genérico, as coisas são parte de um modo de vida relativamente recente na humanidade; e o ponto de partida de qualquer estudo de usuário, como nossa sociedade, molda-se pelo bom e mau funcionamento dos artefatos que usamos, analisando o assunto com a profundidade que ele recomenda.

PAPANEK, V. **Design for the Real World:** Human Ecology and Social Change. London: Thames and Hudson, 1972.

Embora esse livro seja de 1972, trata da atualidade e, ainda arriscamos dizer, do futuro, tão visionário ele é. O autor conseguiu, com grande perspicácia e de maneira propositiva, diagnosticar os problemas e as soluções a aflições que vão desde o controle do ciclo completo de um artefato até considerações sobre o amontoamento de dados que ameaçam a estabilidade da sociedade global em tantas frentes.

Se você não puder ler em inglês, recorra a resenhas e artigos sobre o estudo (está disponível em grande número na internet) para conhecê-lo, ao menos em parte, pois ele é fundamental.

*Refe*rências

ADACHI, I.; CHOU, D. P.; HAMPTON, R. R. Thatcher effect in monkeys demonstrates conservation of face perception across primates. **Current Biology**, v. 19, n. 15, p. 1270-1273, ago. 2009. Disponível em: <https://www.ncbi.nlm.nih.gov/pmc/articles/PMC2726903/>. Acesso em: 25 jun. 2021.

AMAZON lidera ranking de marcas mais valiosas de 2020; Google passa a Apple. **UOL**, São Paulo, 23 fev. 2020. Economia. Disponível em: <https://economia.uol.com.br/noticias/redacao/2020/02/23/amazon-lidera-ranking-de-marcas-mais-valiosas-de-2020-google-passa-a-apple.htm>. Acesso em: 23 jun. 2021.

AMBROSE, G.; HARRIS, P. **Layout**. Tradução de Aline Evers. 2. ed. Porto Alegre: Bookman, 2012. (Série Design Básico).

ANZANELLO M. J.; FOGLIATTO, F. S. Learning curve modelling of work assignment in mass customized assembly lines. **International Journal of Production Research**, i. 45, n. 13, p. 2919-2938, 2007.

BASSO, C. R.; STAUDT, D. A influência da escola de ULM e Bauhaus na estrutura curricular das escolas. **Revista Conhecimento Online**, ano 2, v. 2, p. 18-31, set. 2010. Disponível em: <https://periodicos.feevale.br/seer/index.php/revistaconhecimentoonline/article/view/144>. Acesso em: 24 jun. 2021.

BORDIGNON, D. W. et al. Are the Unken Reflex and the Aposematic Colouration of Red-Bellied Toads Efficient Against Bird Predation. **PloS One**, v. 13, n. 3, mar. 2018. Disponível em: <https://www.ncbi.nlm.nih.gov/pmc/articles/PMC5875753/>. Acesso em: 28 jun. 2021.

BORTULUCCE, V. B. **A arte dos regimes totalitários do século XX**: Rússia e Alemanha. São Paulo: Annablume, 2008. (Série História e Arqueologia em Movimento).

BRECHT, B. **Histórias do sr. Keuner.** Tradução de Paulo César de Souza. São Paulo: Ed. 34, 2006.

BRINGHURST, R. **Elementos do estilo tipográfico:** versão 3.0. Tradução de André Stolarski. São Paulo: Cosac Naify, 2005.

BÜRDEK, B. E. **Design:** história, teoria e prática do design de produtos. Tradução de Freddy Van Camp. 2. ed. São Paulo: Blucher, 2010.

CALEGARI, C. M. K.; LIMA, C. T.; CIVIRIANO, J. Bauhaus: histórico e influências nos dias de hoje. **Revista Thêma et Scientia**, v. 2, n. 2, p. 83-87, jul./dez. 2013. Edição Especial de Arquitetura e Design. Disponível em: <https://www.fag.edu.br/upload/arquivo/1378124825.pdf>. Acesso em: 24 jun. 2021.

CARDOSO, R. **Design para um mundo complexo.** São Paulo: Cosac Naify, 2014.

CUNHA, M. Governo político X. **Porto, de Agostinho Rebelo da Costa aos nossos dias,** 6 ago. 2015. Disponível em: <http://portoarc.blogspot.com/2015/08/governo-politico-x.html>. Acesso em: 23 jun. 2021.

DONDIS, D. A. **Sintaxe da linguagem visual.** Tradução de Jefherson Luiz Camargo. São Paulo: Martins Fontes, 1997.

EASTMAN, C. The Road to the Future? What to Expect from 5G. **Technative**, Apr. 7, 2020. Telecoms. Disponível em: <https://technative.io/the-road-to-the-future-what-to-expect-from-5g/>. Acesso em: 23 jun. 2021.

ECO, U. (Org.). **História da beleza**. Tradução de Eliana Aguiar. Rio de Janeiro: Record, 2004.

FERNANDES, F. R. **Design de informação**: base para a disciplina no curso de Design. 2. ed. Rio Claro: FRF Produções, 2015.

FERRARI, I. **O panóptico digital**: como a tecnologia pode ser utilizada para aprimorar o controle da administração pública no estado democrático de direito. Palestra realizada para o Curso de Aperfeiçoamento e Especialização para Magistrados Federais da Escola de Magistratura Regional Federal da 2ª Região, 1º dez. 2016. Disponível em: <https://www.academia.edu/36192135/O_PANOPTICO_DIGITAL_final>. Acesso em: 23 jun. 2021.

FIGUEIREDO, L. Luz. **Luz, tecnologia e arte**. Disponível em: <http://luztecnologiaearte.weebly.com/luz-e-fisiologia-da-visatildeo.html>. Acesso em: 23 jun. 2021.

FILGUEIRAS, A. W. N. et al. Big data e segurança. In: ENCONTRO VIRTUAL DE DOCUMENTAÇÃO EM SOFTWARE LIVRE, 11.; CONGRESSO INTERNACIONAL DE LINGUAGEM E TECNOLOGIA ONLINE, 8., 2014. **Anais...**, v. 3, n. 1, 2014. Disponível em: <http://www.periodicos.letras.ufmg.br/index.php/anais_linguagem_tecnologia/article/view/5800/5086>. Acesso em: 23 jun. 2021.

FORATO, F. Em 2020, projeto DNA do Brasil deve sequenciar o genoma de 47 mil brasileiros. **Canaltech**, 27 dez. 2019. Disponível em: <https://canaltech.com.br/saude/em-2020-projeto-dna-do-brasil-deve-sequenciar-o-genoma-de-47-mil-brasileiros-158418/>. Acesso em: 23 jun. 2021.

FREITAS, R. F. de; COUTINHO, S. G.; WAECHTER, H. da N. Análise de metodologias em design: a informação tratada por diferentes olhares. **Estudos em Design**, Rio de Janeiro, v. 21, n. 1, p. 1-15, 2013. Disponível em: <https://www.maxwell.vrac.puc-rio.br/21785/21785.PDF>. Acesso em: 23 jun. 2021.

FRUTIGER, A. **Sinais e símbolos**: desenho, projeto e significado. Tradução de Karina Jannini. São Paulo: Martins Fontes, 2001.

GASPAR, P. J. **O Milénio de Gutenberg**: do desenvolvimento da imprensa à popularização da ciência. 8 f. Artigo (Mestrado em Comunicação e Educação em Ciência) – Instituto Politécnico de Leiria, Universidade de Aveiro, Portugal, 2004. Disponível em: <https://iconline.ipleiria.pt/handle/10400.8/112>. Acesso em: 25 jun. 2021.

GRÁFICA KWG. Teoria e principais leis da Gestalt: um estudo da forma. **blogKWG**, 28 ago. 2017. Disponível em: <https://blog.revendakwg.com.br/inspiracao-design/teoria-e-principais-leis-da-gestalt-um-estudo-da-forma/>. Acesso em: 24 jun. 2021.

GOMBRICH, E. H. **Arte e ilusão**: um estudo da psicologia da representação pictórica. Tradução de Raul de Sá Barbosa. São Paulo: Martins Fontes, 2007.

GRUSZYNSKI, A. C. **Design gráfico**: do invisível ao ilegível. 2. ed. atual. e rev. São Paulo: Rosari, 2008. (Coleção Textos Design: os processos de comunicação).

GRUSZYNSKI, A. C. Design gráfico, tecnologia e mediação. In: CONGRESSO BRASILEIRO DE CIÊNCIAS DA COMUNICAÇÃO, 22., 1999, Rio de Janeiro. **Anais...** São Paulo: Intercom, 1999. Disponível em: <http://www.portcom. intercom.org.br/pdfs/32d2c0eb6436a83bcc7a135390ad4b6c. PDF>. Acesso em: 24 jun. 2021.

HASHIMOTO, A. N. O que é conhecimento. **Kmol**, 1º fev. 2003. Disponível em: <https://kmol.pt/artigos/2003/02/01/o-que-e-conhecimento/>. Acesso em: 23 jun. 2021.

HESKETT, J. **Desenho industrial**. Tradução de Fábio Fernandes. 3. ed. Rio de Janeiro: José Olympio, 2006.

HOLLIS, R. **Design gráfico**: uma história concisa. Tradução de Carlos Daudt. São Paulo: Martins Fontes, 2001.

HS. Revelada "árvore da vida" com 2,3 milhões de espécies. **Ciberia**, 23 set. 2015. Disponível em: <https://ciberia.com. br/revelada-arvore-da-vida-23-milhoes-especies-812>. Acesso em: 23 jun. 2021.

JAKOBSON, R. **Linguística e comunicação**. Tradução de Izidoro Blikstein e José Paulo Paes. 22. ed. São Paulo: Cultrix, 2010.

KIMBERLY, E. **Geometria do design**: estudos sobre proporção e composição. Tradução de Cláudio Marcondes. São Paulo: Cosac Naify, 2010.

LIMA, J. S.; GOMES, L. V. N. Desenhando grids: retornando à teoria; redescobrindo a prática. In: SEMINÁRIO DE DESENHO, CULTURA E INTERATIVIDADE, 14. 2019, Feira de Santana. **Anais...** Feira de Santada: UEFS, 2019. Disponível em: <http://periodicos.uefs.br/index.php/AnaisPPGDCI/article/view/5036>. Acesso em: 23 jun.2021.

LIVIO, M. **Razão áurea**: a história de Fi, um número surpreendente. Tradução de Marco Shinobu Matsumura. 3. ed. Rio de Janeiro: Record, 2008.

LOOS, A. **Ornamento e crime**. Tradução de Lino Marques. Lisboa: Cotovia, 2006.

LOURENÇO, C. A.; RIBEIRO, S. M. **História e pedagogia**: a influência da Bauhaus para o ensino do design. In: ENCUENTRO LATINOAMERICANO DE DISEÑO "DISEÑO EM PALERMO", 2., Buenos Aires, 2007. **Actas de Diseño**, ano 2, n. 3, p. 175-177, jul. 2007. Disponível em: <https://fido.palermo.edu/servicios_dyc/publicacionesdc/archivos/11_libro.pdf>. Acesso em: 24 jun. 2021.

MACHINE Learning e ciência de dados com IBM Watson. **IBM.** Disponível em: <https://www.ibm.com/br-pt/analytics/machine-learning>. Acesso em: 23 jun. 2021.

MATTOS, W. **Análise gráfica**: pôster Interstellar. 30 nov. 2014. Disponível em: <https://waltermattos.com/tutoriais/analise-grafica-poster-interstellar/>. Acesso em: 25 jun. 2021.

MATTOS, W. **Pôster Logan e o papel da diagonal em uma composição**. 8 mar. 2017. Disponível em: <https://waltermattos.com/tutoriais/poster-logan-e-o-papel-da-diagonal-em-uma-composicao/>. Acesso em: 25 jun. 2021.

MCCLOUD, S. **Desvendando os quadrinhos**. Tradução de Hélcio de Carvalho e Marisa do Nascimento Paro. São Paulo: Makron Books, 1995.

MCLUHAN, M. **A galáxia de Gutenberg**: a formação do homem tipográfico. Tradução de Leônidas Gontijo de Carvalho e Anísio Teixeira. São Paulo: Editora Nacional; Editora da USP, 1972.

MÜLLER-BROCKMANN, J. **Sistemas de retículas, sistema de grelhas**: um manual para designers gráficos. Tradução de Paulo Heitlinger. Barcelona: Ed. Gustavo Gili, 1982.

NIEMEYER, L. **Elementos de semiótica aplicados ao design**. 2. ed. Rio de Janeiro: 2 AB Editora, 2007.

OVEN, P. C. Design as a Response to People's Needs (and Not People's Needs a Response to Design Results). In: OVEN, P. C.; POŽAR, C. (Ed.). **On Information Design**. Ljubljana: The Museum of Architecture and Design, 2016. p. 7-16.

PAPANEK, V. **Design for the Real World**: Human Ecology and Social Change. London: Thames and Hudson, 1972; New York: Sterling, 2009.

PICKOVER, C. A. **The Math Book**: From Pythagoras to the 57th Dimension, 250 Milestones in the History of Mathematics.

PIRANDELLO, L. **Um, nenhum e cem mil**. Tradução de Mauricio Santana Dias. São Paulo: Cosac Naify, 2001.

POPOVA, M. Ode to a Flower: Richard Feynman's Famous Monologue on Knowledge and Mystery, Animated. **Brainpickings**, 1º jan. 2013. Disponível em: <https://www. brainpickings.org/2013/01/01/ode-to-a-flower-richard-feynman/>. Acesso em: 24 jun. 2021.

POR QUE CIVILIZAÇÕES antigas não reconheciam a cor azul? **BBC News Brasil**, 22 fev. 2016. Disponível em: <https:// www.bbc.com/portuguese/noticias/2016/02/160221_ civilizacoes_antigas_cor_azul_rb>. Acesso em: 24 jun. 2021.

QUENTAL, J. M. F. **A ilustração enquanto processo e pensamento**: autoria e interpretação. 335 f. Tese (Doutorado em Design) – Universidade de Aveiro, Departamento de Comunicação e Arte, Aveiro, 2009. Disponível em: <https:// ria.ua.pt/handle/10773/3617>. Acesso em: 23 jun. 2021.

QUINTÃO, F. de S.; TRISKA, R. Design de informação em interfaces digitais: origens, definições e fundamentos. **InfoDesign – Revista Brasileira de Design da Informação**, São Paulo, v. 10, n. 2, p. 105-118, 2013. Disponível em: <https://www.infodesign.org.br/infodesign/article/ view/243/168>. Acesso em: 24 jun. 2021.

RELLI, N. Escrita: a diferença dos alfabetos latino e cirílico. **UpToWhat**, 28 ago. 2019. Antiquário. Disponível em: <http://uptowhat.com.br/antiquario/escrita-diferenca-dos-alfabetos-latino-e-cirilico>. Acesso em: 28 jun. 2021.

RIBEIRO, M. **Planejamento visual gráfico**. São Paulo: Summus, 1987.

RODRIGUES, L. J. V. **Têxteis de tecnologia Jacquard para o universo infantil**. 126 f. Dissertação (Mestrado em Design de Moda – Opção Têxtil) – Universidade da Beira Interior, Covilhã, 2009. Disponível em: <https://ubibliorum.ubi.pt/ handle/10400.6/1678?mode=full>. Acesso em: 23 jun. 2021.

RODRIGUES, N. **A cabra vadia**: novas confissões. São Paulo: Companhia das Letras, 1995. (Coleção das obras de Nelson Rodrigues, v. 9).

SACKS, O. **O homem que confundiu sua mulher com um chapéu e outras histórias clínicas**. Tradução de Laura Teixeira Motta. São Paulo: Companhia das Letras, 2016.

SAINT-EXUPÉRY, A. de. **O pequeno príncipe**. Tradução de Mario Quintana. São Paulo: Melhoramentos, 2017.

SANTAELLA, L. **O que é semiótica**. São Paulo: Brasiliense, 2017.

SOUZA, E. A. et al. Alternativas epistemológicas para o design da informação: a forma enquanto conteúdo. **InfoDesign – Revista Brasileira de Design da Informação**, São Paulo, v. 13, n. 2, p. 107-118, 2016. Disponível em: <https://www.infodesign.org.br/infodesign/article/view/480/284>. Acesso em: 23 jun. 2021.

SOUZA, P. L. P. de. **Notas para uma história do design**. 3. ed. Rio de Janeiro: 2AB, 2001.

SUENAGA, C. et. al. **Conceito, beleza e contemporaneidade**: fragmentos históricos no decorrer da evolução estética. 18 f. Trabalho de conclusão de curso (Especialização em Estética Facial e Corporal) – Universidade do Vale do Itajaí, Florianópolis, 2012. Disponível em: <http://siaibib01.univali.br/pdf/Camila%20Suenaga,%20Daiane%20Lisboa.pdf>. Acesso em: 23 jun. 2021.

THOMPSON, P. Margaret Thatcher: A New Illusion. UK: **Perception**, v. 9, n. 4, p. 483-484, 1980. Disponível em: <https://eprints.whiterose.ac.uk/115530/1/thatcher1980.pdf>. Acesso em: 25 jun. 2021.

TIRGOALA, F. de A. R. C. S. **Cânones, movimento e expressão na representação da figura humana**. 113 f. Tese (Mestrado em Ensino das Artes Visuais) – Universidade de Lisboa, Lisboa, 2015. Disponível em: <https://repositorio.ul.pt/bitstream/10451/23393/1/ulfpie047759_tm.pdf>. Acesso em: 25 jun. 2021.

TRIMANO, L. Arte degenerada: arte naturalista no Terceiro Reich. **Arte Gráfica**, 17 mar. 2014. Disponível em: <http://trimano.blogspot.com/2014_03_17_archive.html>. Acesso em: 24 jun. 2021.

VALADARES, A. R. S.; BACHMANN, D. E.; BARBOZA JÚNIOR, R. **Computação quântica**. Disponível em: <https://www.academia.edu/7933394/Computa%C3%A7%C3%A3o_Qu%C3%A2ntica>. Acesso em: 23 jun. 2021.

VILLAS-BOAS, A. **Utopia e disciplina**. Rio de Janeiro: 2AB, 1998.

WEDEKIN, L. M. Kandinsky pesquisador da psicologia e da arte. **Trivium: Estudos Interdisciplinares**, ano VIII, n. 1, p. 74-85, jun. 2016. Disponível em: <http://pepsic.bvsalud.org/pdf/trivium/v8n1/v8n1a10.pdf>. Acesso em: 24 jun. 2021.

Sobre
o **autor**

Bruno Zimmerle Lins Aroucha é graduado em Design pela Universidade Federal de Pernambuco (UFPE), com graduação sanduíche na Espanha pela *Universidad del País Vasco* (UPV), Mestre em Design pela UFPE na área de ilustração científica, com experiência profissional em design gráfico *on-line* e *off-line*, design de produto, criação de artefatos expográficos, edição de vídeo, animação, desenho arquitetônico, modelagem 3D e ilustração.

Os livros direcionados ao campo do design são diagramados com famílias tipográficas históricas. Neste volume foram utilizadas a **Caslon** – desenhada pelo inglês William Caslon em 1732 e consagradada por seu emprego na primeira impressão da Declaração de Independência Americana – e a **Helvetica** – criada em 1957 por Max Miedinger e Eduard Hoffmann e adotada, entre outros usos, no logotipo de empresas como a NASA, a BBC News e a Boeing.

Impressão:
Julho/2021